中等职业学校以工作过程为导向课程改革实验项目

会展服务与管理专业核心课程系列教材

# 会展基础

苏 悦 主编

机械工业出版社

本书是体现工作过程导向课改思路的实用型会展服务与管理专业教材。本书分为三个单元：认识会展、掌握会展项目流程、了解会展相关法律法规。全书以这三个单元为载体，使读者通过完成学习任务，对会展、会展流程和相关法律法规等有一个基本的认识，明确学习目的，激发学习兴趣，培养职业素质，形成自我约束意识，以继续其他专业课的学习。三个单元的排序以企业新员工的成长经历为参考，新员工要了解会展业的内涵，掌握会展工作的流程，了解在工作中须遵循的法律法规和行业规范。第一、第二单元之间是递进关系，第三单元是对学习目标和学习内容的延伸和拓展，旨在培养法律意识和约束意识。

本书可供中等职业学校会展服务与管理专业学生使用，也可供对会展行业有兴趣的人士参考。

图书在版编目（CIP）数据

会展基础/苏悦主编．—北京：机械工业出版社，2016.9
中等职业学校以工作过程为导向课程改革实验项目
会展服务与管理专业核心课程系列教材
ISBN 978-7-111-55068-6

Ⅰ．①会…　Ⅱ．①苏…　Ⅲ．①展览会—中等专业学校—教材　Ⅳ．①G245

中国版本图书馆CIP数据核字（2016）第241856号

机械工业出版社（北京市百万庄大街22号　邮政编码100037）
策划编辑：李　兴　　责任编辑：李　兴　席建英
责任校对：刘雅娜　　封面设计：路恩中
责任印制：常天培
北京机工印刷厂印刷（三河市南杨庄国丰装订厂装订）
2016年11月第1版第1次印刷
184mm×260mm · 10.25印张 · 237千字
0 001—1500 册
标准书号：ISBN 978-7-111-55068-6
定价：29.00元

凡购本书，如有缺页、倒页、脱页，由本社发行部调换

电话服务　　网络服务
服务咨询热线：010-88379833　　机 工 官 网：www.cmpbook.com
读者购书热线：010-88379649　　机 工 官 博：weibo.com/cmp1952
　　教育服务网：www.cmpedu.com
封面无防伪标均为盗版　　金 书 网：www.golden-book.com

## 北京市中等职业学校工作过程导向课程教材编写委员会



## 会展服务与管理专业教材编写委员会

## 编 写 说 明

为更好地满足首都经济社会发展对中等职业人才需求，增强职业教育对经济和社会发展的服务能力，北京市教育委员会在广泛调研的基础上，深入贯彻落实《国务院关于大力发展职业教育的决定》及《北京市人民政府关于大力发展职业教育的决定》文件精神，于2008年启动了“北京市中等职业学校以工作过程为导向课程改革实验项目”，旨在探索以工作过程为导向的课程开发模式，构建理论实践一体化、与职业资格标准相融合，具有首都特色、职教特点的中等职业教育课程体系和课程实施、评价及管理的有效途径和方法，不断提高技能型人才培养质量，为北京率先基本实现教育现代化提供优质服务。

历时五年，在北京市教育委员会的领导下，各专业课程改革团队学习、借鉴先进课程理念，校企合作共同建构了对接岗位需求和职业标准，以学生为主体、以综合职业能力培养为核心、理论实践一体化的课程体系，开发了汽车运用与维修等17个专业教学指导方案及其232门专业核心课程标准，并在32所中职学校、41个试点专业进行了改革实践，在课程设计、资源建设、课程实施、学业评价、教学管理等多方面取得了丰富成果。

为了进一步深化和推动课程改革，推广改革成果，北京市教育委员会委托北京教育科学研究院全面负责17个专业核心课程教材的编写及出版工作。北京教育科学研究院组建了教材编写委员会和专家指导组，在专家和出版社编辑的指导下有计划、按步骤、保质量完成教材编写工作。

本套教材在编写过程中，得到了北京市教育委员会领导的大力支持，得到了所有参与课程改革实验项目学校领导和教师的积极参与，得到了企业专家和课程专家的全力帮助，得到了出版社领导和编辑的大力配合，在此一并表示感谢。

希望本套教材能为各中等职业学校推进课程改革提供有益的服务与支撑，也恳请广大教师、专家批评指正，以利进一步完善。

北京教育科学研究院

2013.7

本书是北京市教育委员会实施的“北京市中等职业学校以工作过程为导向课程改革实验项目”会展服务与管理专业核心课程系列教材之一，依据北京市教育委员会与北京教育科学研究院组织编写的“北京市中等职业学校以工作过程为导向课程改革实验项目”会展服务与管理专业教学指导方案、会展服务与管理专业核心课程标准，并参照国家相关职业标准编写而成。

“会展基础”是中等职业学校会展服务与管理专业开设的一门专业核心课程，是根据会展服务与管理专业全部典型职业活动整合的一门工具性课程。本课程的主要任务是使学生了解会展服务与管理的基础知识、会展业的发展状况和发展趋势，具有安全意识以及依据法律、法规和行业规范从事会展服务与管理的意识，培养学生良好的职业素质和会展职业行动能力。

本书遵循职业人才成长规律和教育规律，依据典型职业活动的工作内容特征及课程性质，严格遵循以工作过程为导向重构课程结构和知识序列；通过学习单元将知识和技能融合在一起，实现理论和实践的一体化学习；以不同的学习任务为载体，使读者通过完成学习任务，对会展、会展流程和会展人员要求等有一个基本认识，明确学习目的，激发学习兴趣，培养职业素质，形成自我约束意识，以继续其他专业核心课程的学习。

本书的编写遵循以工作过程为导向的会展服务与管理专业核心课程“会展基础”的课程标准，以会展相关基础知识为主线编排各单元内容，力求体现任务引领、实践导向的设计思想。每个单元以相应会议服务项目为载体，通过“单元——项目——任务”的方式逐步展开深入。三个单元的载体由简单到复杂，知识、技能和能力要求由浅到深，创设出层次分明的工作过程导向学习环节。

本书力求使学习内容贴近企业实际；内容编排及教学目标符合课程标准；工作（学习）过程清楚；文字表述简明扼要，通俗易懂，符合职业院校学生的学习特点；内容要点准确、科学，从而体现其实用性、科学性。

本书由苏悦担任主编并负责全书的审核和修改工作。具体编写分工为：第一单元由刘扬和唐洁编写，第二单元由苏悦编写，第三单元由王雨编写。田勇军审定了全稿。

为方便教学，本书配备了助教课件，凡选用本书作为教材的教师均可登录机械工业出版社教育服务网（http://www.cmpedu.com）免费下载。欢迎广大教师加入中职会展教师交流群（210792010）分享教学资源和教学经验。

本书的编写是一次探索和尝试，其体系和内容有许多可商榷之处，而且，由于编者水平有限，书中难免有疏漏之处，欢迎广大读者批评指正。

编　者

# 目录 Contents

第一单元

# UNIT 1
# 认识会展

RENSHIHUIZHAN

## 单元导读

会展产业是近几年来高速发展起来的产业，每年以20%～30%甚至更高的速度增长。我国开始正式提出会展产业大约是在1998—1999年之间。国外专家认为，会展产业对相关产业具有1:9的拉动作用，会展不仅能带来巨大的经济效益，更重要的是还能带来巨大的社会效益。因此，会展产业受到很多地区和城市的重视。但是，到底什么是会展呢？

本单元从广交会、博鳌论坛、标致公司奖励旅游和青岛啤酒节这几个展览、会议、奖励旅游和节事活动的标志性会展活动出发，引领大家感知不同的会展活动，认识不同类型的会展企业，并对会展行业的现状和未来发展趋势进行更深入的了解。通过学习本单元，帮助学生了解会展相关基本知识，熟悉不同类型的会展项目和会展企业，培养会展职业意识，初步了解未来职业发展前景，建立职业信心。

## 单元目标

1. 能简单说明会展的核心内容和主要特点。
2. 能简单描述展览、会议、奖励旅游、节事活动等会展活动的区别。
3. 能简单描述不同会展企业的类型和业务范围。
4. 能基本说明会展业的现状和发展趋势。

## 工作流程

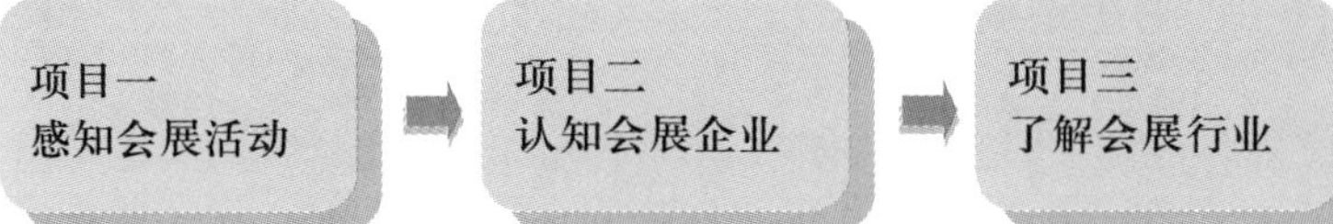


# 项目一　感知会展活动

在日常生活中，能看到很多以“××展览会”“××论坛”“××节”等为名称的活动。从专业的角度来说，这些都是会展活动。一般来说，狭义的会展仅指展览会和会议；而广义的会展则是会议、展览会、节事活动和奖励旅游的统称，国际上通常表述为“MICE”。

本项目是认识会展的第一步——感知会展活动。

## 项目介绍

现在，你对会展非常感兴趣，并有意从事会展的相关工作，但你对“什么是会展”还比较模糊。

在本项目中，你将结合广交会、博鳌论坛、标致公司奖励旅游和青岛啤酒节的相关资料和信息，掌握展览、会议、奖励旅游和节事活动等不同类型的会展活动，并了解其各自的含义、特点、作用和分类。

本项目共分为四个任务：

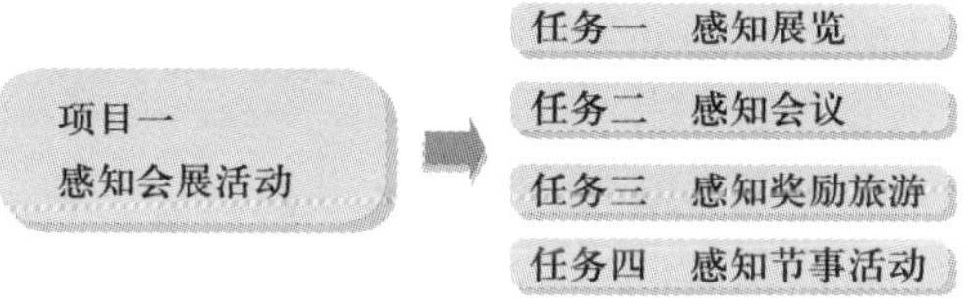

## 背景知识

### 一、会展的起源

关于会展的起源，尚无统一、肯定的看法，大致有“市集演变”说、“巫术礼仪与祭祀”说及“物物交换”说等。

“市集演变”说认为，贸易性的展会无论在中国还是外国，都由市集演变而来。欧洲是由城邦的传统市集发展演变而成，这一演变发生在15世纪，莱比锡市集演变为莱比锡样品市集（即莱比锡博览会）是贸易性展览起源的代表。

“巫术礼仪与祭祀”说认为，会展作为一种艺术形式，来源于原始人的万物有灵观念，原始人对自然神和祖宗神的崇拜祭祀活动，是展览艺术的雏形和起源。

“物物交换”说认为，会展的起源可以追溯到原始社会产生物物交换的初期，在物与物进行相互交换的初级方式中，开始存在“摆”和“看”的形式。之后，逐步从物物交换扩大到精神和文化的领域。

由此可见，会展是随着社会的经济、政治、文化的进步而产生发展的，是围绕着人们物质和精神两个方面的需要而存在和发展完善的。

### 二、国内知名会展——北京国际汽车展览会

现代会展业发展到今天，每个行业的展会都形成了自己的“龙头老大”，成为买家不可不去的地方，如芝加哥工具展、米兰时装展、汉诺威工业博览会、北京国际汽车展览会等。通常来讲，展会的知名度越高，吸引的参展商和买家就越多，成交的可能性也越大。

北京国际汽车展览会，简称“北京车展”，自1990年创办以来，两年一届，至2016年已连续成功举办了十四届。该展览会每逢双年在北京中国国际展览中心举行，是国际汽车

展览会中著名的品牌展会之一，对促进中外汽车界的交流与合作、加快中国汽车工业的发展起到了积极的推动作用。依托中国巨大的汽车消费市场和快速发展的中国汽车工业，北京国际汽车展览会的展览规模、国际化水准、展品质量以及全球影响力都逐届提高，受到中外汽车界、新闻界和社会各界的高度关注和积极参与。众多国际知名汽车企业将北京国际汽车展览会列为全球最重要的国际级车展，中国本土汽车企业也将北京国际汽车展览会作为展示自主知识品牌、推出最新科技成果的首选平台。

### 三、MICE的含义

M（Meeting）：会议，主要指公司会议。

I（Incentive Tour）：奖励旅游，专指以激励、奖励特定对象为目的而进行的旅游活动，是一种现代化的管理工具，目的在于管理和激励员工，协助企业达到特定的目标。

C（Conference）：大型会议，主要指协会、团体组织会议。

会议是指三人或三人以上参与的、有组织的、有目的的一种短时间聚集的集体活动的方式，即通过会议，听取报告、商议事情、交流沟通、达成共识、解决问题、做出决定、采取行动等。

E（Exhibition or Exposition）/E（Event）：前者指展览，后者指节事活动。

展览是一种具有一定规模和相对固定日期，以展示组织形象和产品为主要形式，以促成参展商和参观者之间交流洽谈的一种活动。

节事活动是节庆和特殊事件的统称。节庆通常指有主题的公共庆典，特殊事件则是指精心策划和举办的某个特定的仪式、演讲、表演或庆典，可以包括国庆日、庆典、重大的市民活动、独特的文化演出、重要的体育比赛、社团活动、贸易促销和产品推介等。

## 任务一　感知展览

### 任务描述

广交会，正式名称为中国进出口商品交易会，创办于1957年春季，每年春秋两季在广州举办，迄今已有近60年历史，是中国目前历史最长、层次最高、规模最大、商品种类最全、到会采购商最多且分布国别地区最广、成交效果最好、信誉最佳的综合性国际贸易盛会。广交会以进出口贸易为主，贸易方式灵活多样，除传统的看样成交外，还举办网上交易会，开展多种形式的经济技术合作与交流以及商检、保险、运输、广告、咨询等业务活动。

作为标志性的展览活动，广交会有其鲜明的特点，并呈现出高层次的展会服务水平。请你收集最近一届广交会的相关信息，提炼其中的关键信息，并由此分析展览的含义、特点、作用和分类。

**想一想**

1. 在当下的条件和环境下，可以通过哪些方式和途径收集广交会的资料和信息？

2. 广交会的信息不胜枚举，为了更好地了解该展览，应收集哪些方面的关键信息？这些信息是什么意思？

3. 广交会代表了展览的哪些特点和作用？

## 学习目标

1．能运用互联网、电话、报纸杂志、宣传册等各种方式和途径收集展览信息，并按照要求筛选出关键信息。

2．能说明展览名称、办展机构、参展商、观众、展览时间、展览地点、展位、展品等展览的关键概念。

3．能分析展览的含义、特点、作用和分类。

## 知识储备

在实施工作之前，你应该知道以下知识：

### 一、收集信息的常用工具

在信息时代，我们可以通过各种方式和途径来收集展览信息，如互联网、电话、报纸杂志、宣传册等。其中，互联网是获取信息的最重要工具，因为互联网的发展带来的大量信息资源的共享，极大地丰富了可用的各类信息。

在收集展览信息时，可使用的互联网工具包括以下几种：

#### 1．展会官方网站

展会官方网站是相关信息的权威发布渠道，也是我们收集展览信息的首选方式。图1-1所示为广交会官方网站。

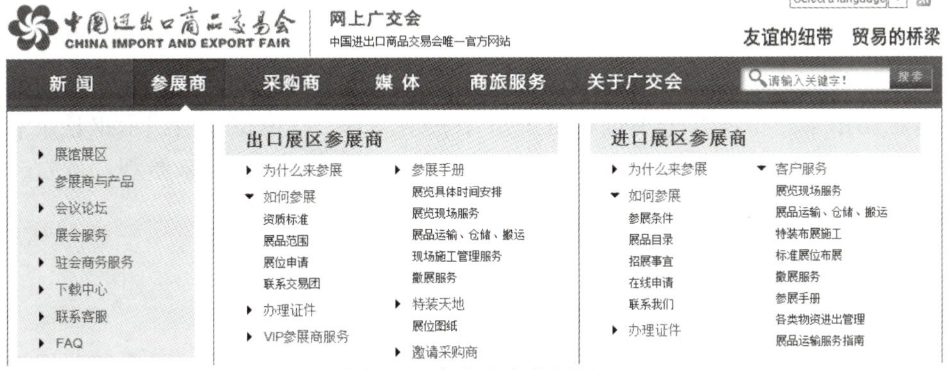

图1-1　广交会官方网站

#### 2．搜索引擎

利用搜索引擎可以在庞杂的信息源中快速分类定位和梳理有用的资料。图1-2所示为各种常用的搜索引擎。

图1-2　常用搜索引擎

3. 门户网站

门户网站主要提供新闻、搜索引擎、网络接入、聊天室、电子公告牌、免费邮箱、影音资讯、电子商务、网络社区、网络游戏、免费网页空间等。在我国，典型的门户网站有新浪网、网易和搜狐网等。

4. 微应用工具

当前，很多新兴的网络传播工具囊括了大量的信息，如微博、微信、微视频、手机客户端等基于移动互联网的微应用，成为主流的传播方式，并迅速向各领域延展，成为获得信息的重要途径。与传统的网站相比，这些新媒体工具形式更加灵活，互动性强，通过参与特定的群体，在收集信息时更容易找到相应的信息内容。

图1-3所示为广交会手机客户端及公众微信平台。

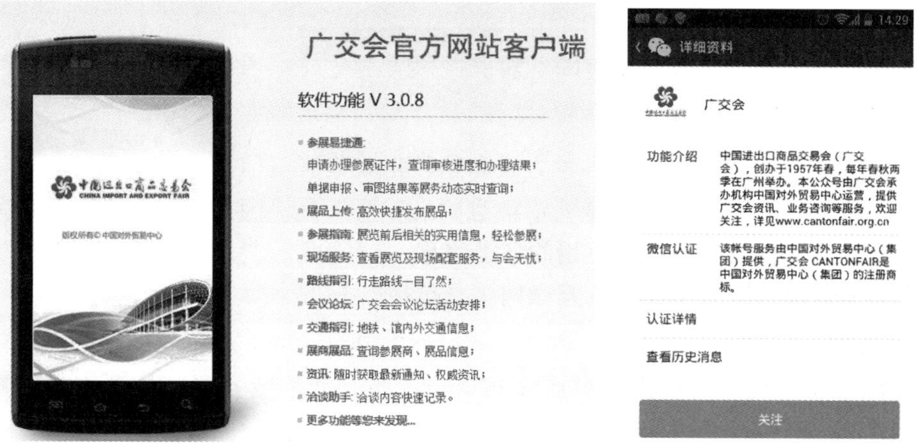


图1-3　广交会手机客户端及公众微信平台

## 二、展览的含义

展览是指由某一个或几个单位和组织指导主办，另一些单位和组织承担整个展览期间的运行，通过宣传或广告的形式邀请或提供给特定人群和广大市民来参观、欣赏、交流的聚会，比较常见的如画展、车展、房展等。

## 三、有关展览的关键概念

1. 展览名称

展览名称通常包括三个部分：基本部分、限定部分和附属部分。基本部分用于说明展会的性质和特征，如博览会、展览会、交易会、洽谈会、展销会等。限定部分主要用于说明展会举办的时间、地点、规模以及内容等，如“1999年中国昆明世界园艺博览会”。附属部分是对基本部分和限定部分做进一步补充，更详细地说明展会举办的具体时间、地点等。最常见的是在基本部分和限定部分之后用小体字标明展会的具体日期，如“7月1日—7月3日”。也有的是加上主办和承办单位、合作和支持单位的名称。另外，许多展览的名称有单独使用的英文缩写。如果将英文缩写放在全称之后，则视为附属部分，如“中国北京国际科技产业博览会”的英文缩写是CHITEC。

2. 举办机构

展览的举办机构一般包括主办单位、承办单位、协办单位、支持单位等。主办单位是指具有国家主管部门批准的有报批会展项目资质的单位；承办单位是指虽然没有报批会展项目资质，但同主办单位一起具有招商、招展能力和举办会展的民事责任承担能力，设有专门从事办理会展的部门并有相应的专业工作人员，且具有完善的办理会展规章制度的单位；协办单位是指协助主办或承办单位负责展会的部分策划和组织工作的单位，其任务比较集中于部分的招商、招展和宣传推广工作；支持单位一般是对会展起直接或间接支持作用的单位，有时也会承担一些招商、招展和宣传工作。其中，承办单位是直接策划、组织展会的单位，因此往往是展会有关机构中的核心单位。

3．参展商

参展商是指在展览期间利用固定的展出面积进行直接信息交流的特定群体。参展商参加展览的目的一般包括产品展示、贸易成交、宣传推广、收集信息、市场调研等。

4．观众

观众包括专业观众和普通观众。所谓专业观众，是指与会展活动有直接业务关系的人群，如采购商、代理商等，也称为专业买家。他们与参展商签订购买协议的可能性很大，参展商也可以从他们身上了解更多的需求信息。而普通观众则是指普通消费者，他们是气氛的烘托者，购买和成交的可能性较小。

5．展览时间

展览时间包括两个方面：展览的举办周期和举办时长。从周期来说，展览可以是定期举办，如一年两次、一年一次、两年一次等，也可以视需要和条件不定期举办。从时长来说，展览可以是短期的，也可以是长期的。短期展一般不超过一个月，长期展可以是三个月、半年甚至常设。在发达国家，专业贸易展览会的举办时长一般是三天。

6．展览地点

展览地点从大到小依次是国家或地区、城市和具体场馆。这与展览的性质、定位、涉及的产业或行业、成本预算以及场馆的地理位置、容量、配套设施、交通便利程度、周边环境等因素有关。

7．展位

展位是指展会上用来展出商品和图片的单位空间，也称摊位。根据室内外位置的不同，也分室内展位和室外展位。根据面积和装修风格的不同，室内展位又分为标准展位（或标准摊位，简称标摊）和特装展位（也称光地）。

特装展位或光地一般为36$m^2$起租，不提供任何配置，如有需要可向主场搭建商提前预订或现场租赁。标准展位的面积一般为3m×3m，提供的标准配置一般包括：一张桌子、两把椅子、两个射灯（或日光灯）、一个220V/5A的插座、一个纸篓、一块楣板和三面围板。

根据展位对观众的开放程度，展位还可分为以下四种类型：

（1）“道边型”展位（见图1-4），也称“单面开口”展位。它夹在一排展位中间，观众只能从其面前的过道进入展台内，这种类型的展位租金最低。

（2）“墙角型”展位（见图1-5），也称“双面开口”展位。它位于一排展位的顶端，两面与过道相邻，观众可以从它前面的通道和垂直于它的过道进入展台。与“道边型”展位相比，“墙角型”展位面积相同，但多出一条观众进入展台的侧面过道，因而观众流量较大，展示效果相对较好，当然租金也要比“道边型”展位高出10%～15%。

（3）“半岛型”展位（见图1-6）。观众可从三个侧面进入这种类型的展位，其展示效果要比前两种好一些。企业在选择这种展位时，应该配合做好特殊装修才能达到满意的效果。

（4）“岛型”展位（见图1-7）。它与前三种展位不同的是，观众可以从任意一个侧面进入展台内，更能吸引观众的注意力，展示效果更好。因此，在四种展位中，它的租金最高，是有实力的大中型企业参加展会之首选。

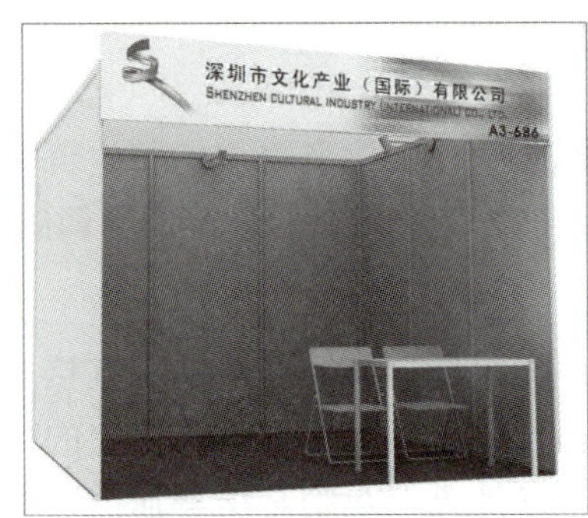


图1-4 “道边型”展位

图1-5 “墙角型”展位

图1-6 “半岛型”展位

图1-7 “岛型”展位

**8．展品**

展品主要是指在展览中展出或示范用的货物、物品。展品的种类取决于展览涉及的产业或行业。贸易性展览通常包括多类展品，而针对某类产品的专业性展览只限于该类产品的展品。

## 四、展览的特点

**1．集聚性**

展览是产业信息和同类产品在时间与空间上的集聚。展览区别于市场和大卖场的显著特点之一就是专业买家和商品的高度集中，能迅速发现和传递产品、价格、市场以及产业发展等方面的信息。因此，对参展商和买家而言，要在短暂的3～4天时间里，尽可能多地收集对公司有用的商业信息，有时甚至要在几分钟之内做出决定，当场拍板，争取与客户签约。

**2．前沿性**

展览就是展示最新的商品和技术。参展商品是否受买家青睐，很大程度上要看原材料和生产工艺科技含量的高低。同时，一个展会是否成功，又在很大程度上取决于业内顶尖企业的出席率高低，取决于业内最新技术、最新信息展示和发布的多寡。产品更新换代频繁的IT、汽车、航空等专业展览，其科技前沿性表现得更为突出。

越来越多的大型国际展览自身的科技水平就很高，其中尤为重要的是现代信息技术的运用。电子识别系统、网上登记、声光电结合布展技术等，已被广泛采用。

3．互动性

展览的互动性体现在以下3个方面：

首先是参展商和专业观众之间的互动。展会具有强大的促销功能，在展会现场，买方可以表明自己的需求，并得到最直接、最确定的回答；卖方可以推介产品的新颖、性能、价格优势，并得到回应。通过相互交流，买卖双方加深了解，互相得到满足。

其次是同行之间的互动。“同台竞技”加深了同行之间的了解。通过展会，可以搞清楚对手在做什么，了解自己在同行业中所处的地位。最重要的是，通过与同类企业在生产技术、产品性能、营销策略等方面的比较，明确今后的发展方向。

最后是组织者与参与者之间的互动。通过连续参展，组织者与参展商、组织者与专业观众之间，建立了长期联系，彼此互相信任、互相支持，获得双赢和多赢。在这方面，连续性越好的展会，互动就越充分。那些连续办了五六十届的品牌展会，组织者与参与者在商务和情感方面互通互动，大多成了知根知底的老朋友，每逢开展时节，展场就成了老朋友聚会的快乐天堂。

4．艺术性

展览是非常强调创意的。现代展会十分重视对美的追求，一个成功的展会，必然会给与会者以美的享受。展场的整体布置必须是艺术化的，主题突出，风格统一。参展企业争奇斗艳，将展场装扮成展示自身形象的大花园。要想“一枝独秀”，展台布置必须讲究，因为展台形象直接反映企业的品位。展台的视觉冲击力，被称作“5秒钟的视觉形象”。展台布置精美，就能停住观众的脚步。

5．高效性

展览的集聚性、前沿性、互动性、艺术性形成的合力，成就了展览的高效性。只要参加一个好的展览，就有可能在最短的时间里，获取最多的商业信息，做成最大的买卖。广交会之所以能长盛不衰，如今扩展到一年两届六期，且展位还是异常紧缺，就是因为其成交的高效率。你只要拿到了广交会的展位，就意味着可能获得外商的大笔订单。

## 五、展览的作用

1．联系沟通

展览可以向展览组织者、参展商、观众提供彼此联系和交流的机会。展会参加者在专业展会上可以接触到行业主管部门领导、本领域专家、现有客户、潜在客户、供应商、代理商、用户等与之相关的各种角色的人，其中不乏决策人物、关键人物，形成的人际联系质量高。在短短几天的展览期间，参展商往往可以接触整个行业或市场的大部分客户，可能比登门拜访等其他常规方式一年甚至几年所接触的客户还多。而观众则可以在有限的空间里最广泛地了解参展商和产品。

2．营销宣传

展览作为一个有效的营销平台，为企业展示产品、收集信息、洽谈贸易、交流技术、拓展市场提供了桥梁和纽带。企业可以在展览期间收集有关竞争者、新老顾客的信息，了解本行业的最新产品动态和行业发展趋势，构成决策依据。此外，展览可以利用报刊、电视、广播、互联网、户外广告、实地展示、洽谈沟通等各种营销方式和手段，将信息有针对性地传送给特定用户观众，帮助企业宣传自己的产品，推介自己的品牌和形象。

3．贸易成交

在展览期间，参展商与观众进行面对面的沟通，因此，在潜在客户表示出兴趣时，就可以抓住机会开展推销和洽谈工作，直至成交。买卖双方在展览现场就可以完成介绍产品、了解产品、交流信息、建立联系、签约成交等买卖流通过程。

4．产业联动

展览业涉及交通、旅游、广告、装饰、餐饮、通信、酒店等多个部门，能够直接或间接地带动一系列相关产业的发展。据专家测算，国际会展产业的带动系数为1:9。一方面，参展商和专业买家的消费额要比普通旅游者的消费额高2～3倍，从而刺激商品和服务消费需求，推动商业、饮食业和服务业的发展。另一方面，由于展览自身的特性，往往是商品展览、研讨会议、参观考察、新闻通信等活动综合进行，这就必然带动电信业、广告业、印刷业、旅游业、交通业等配套行业的繁荣与发展。

## 六、展览的类型

1．按性质划分

按展览的性质划分，展览可分为贸易性展览和消费性展览两种。

贸易性展览是为产业即制造业、商业等行业举办的展览。其主要目的是交流信息、洽谈贸易。消费性展览是为公众展出消费品的展览，目的是直接销售。展览的性质由展览组织者决定，可以通过参观者的来源与结构反映出来。对工商界开放的展览是贸易性展览，对公众开放的展览是消费性展览。

2．按内容划分

按展览的内容划分，展览可分为综合展和专业展两类。

综合展是指包括全行业或数个行业的展览会，也被称为横向型展览会，如工业展、轻工业展。而专业展是指展示某一行业甚至某一项产品的展览会，如钟表展、礼品展。专业展览会的突出特征之一是常常同时举办讨论会、报告会，用以介绍新产品、新技术。

3．按规模划分

按展览的规模划分，展览会分为国际展、全国展、地方展以及单个公司的独家展。

规模是指展出者和参观者所代表的区域规模而不是展览场地规模。国际性展览的参展商和观众来自多个国家。根据《全球展览业协会（UFI）章程》第八条第3款的规定：国际会展必须具备下列条件之一：（直接或间接的）外国展出者数量不少于展出者总数的20%；（直接或间接的）外国展出者净展出面积不少于展览会净展出面积总数的20%；外国参观人数不少于参观总人数的4%。不同规模的展览有不同的特色和优势，应根据企业自身条件和需要来选择。

展览类型汇总见表1-1。

表1-1 展览的类型

| 划分标准 | 展览类型 | 说明 |
| --- | --- | --- |
| 按性质 | 贸易性展览 | 制造业、商业等行业举办的展览，其主要目的是交流信息、洽谈贸易 |
| | 消费性展览 | 为公众举办展出消费品的展览，目的是直接销售 |
| 按内容 | 综合展 | 包括全行业或数个行业的展览 |
| | 专业展 | 展示某一行业甚至某一项产品的展览 |
| 按规模 | 国际展 | 来自多个国家的参展商和观众的展览 |
| | 全国展 | 国内知名的展览 |
| | 地方展 | 跨省区的中等以上规模展览 |
| | 独家展 | 单个公司为其产品或服务举办的展览 |

## 任务实施

收集展会信息 ⇨ 筛选展览的关键信息 ⇨ 分析展览的特点、作用和分类

### 步骤一：收集展会信息

通过互联网、行业期刊、报纸、展会宣传手册等途径，能收集到大量的展览信息。请阅读第115届广交会的信息，并思考如何能最准确地、快速地找到这些信息。

第115届中国进出口商品交易会已于2014年5月5日落下帷幕，相关信息见表1-2。

表1-2 第115届广交会

| | |
| --- | --- |
| 举办时间 | 第一期：2014年4月15日—19日，第二期：2014年4月23日—27日，第三期：2014年5月1日—5日 |
| 举办地点 | 中国进出口商品交易会展馆（广州市海珠区阅江中路380号） |
| 主办单位 | 中华人民共和国商务部 广东省人民政府 |
| 承办单位 | 中国对外贸易中心 |
| 展出内容 | ● 电子及家电类；五金工具类；机械类；车辆及配件类；建材类；照明类；化工产品类；进口展区<br>● 日用消费品类；礼品类；家居装饰品类<br>● 纺织服装类；鞋类；办公、箱包及休闲用品类；医药及医疗保健类；食品类；进口展区 |
| 展览总面积 | 117万$m^2$ |
| 展位数量 | 59708个 |
| 参展商数量 | 24581家境内外企业 |
| 采购商数量 | 188119 人 |
| 出口成交额 | 310.51亿美元 |

在收集广交会信息的过程中，你可能使用到了如下工具：互联网（搜索引擎、官方网站、门户网站、手机客户端、微信、微博）、行业期刊、报纸等。在这些信息收集工具中，最准确且最快捷的还是官方网站，因为它的信息是由展览主办方直接发布的。

那么，现在请利用上述各种工具，收集北京市近两年举行的三个不同的大型展览信息。

### 步骤二：筛选展览的关键信息

请根据你收集到的展览信息，按照表1-3整理出关键信息。

表1-3　展览的关键信息

| 展览名称 | 举办机构 | 展览时间 | 展览地点 | 展出面积 | 信息来源 |
| --- | --- | --- | --- | --- | --- |
|  |  |  |  |  |  |
|  |  |  |  |  |  |
|  |  |  |  |  |  |

### 步骤三：分析展览的特点、作用和分类

1．请按照展览的性质、内容和规模，判断广交会以及你所收集的三个展览分别属于哪种类型的展览。

2．请尝试从参展商、采购商、主办方和主办城市的角度，说明广交会以及你所收集的三个展览的作用。

3．请根据你对广交会以及你所收集的三个展览的信息的理解，具体分析展览的集聚性、前沿性、互动性、艺术性、高效性等特点。

可以采用PPT介绍、提问等方法来展示学习成果。

## 学习评价

- 能合理、熟练地使用收集展览信息的基本工具。
- 能按要求从各种展览信息中有针对性地、准确地筛选出关键信息。
- 能根据展览信息，准确分析展览的特点。
- 能从展览不同参与者的角度，准确分析展览的作用。
- 能按照不同的划分标准，准确分析展览的类型。

## 任务小结

在本任务中，我们学习了以下内容：

1．如何准确、快捷地收集展览信息。

2．如何有针对性地筛选展览信息。

3．如何正确地理解展览的关键概念。

4．如何根据信息来准确判断展览的类型。

5．如何准确分析展览的特点和作用。

## 检测与练习

一、填空

1．收集信息的常用工具有________________、________________、

______等。

2．展览的关键概念有______、______、______、______、______、______、______和______。

3．展览的特点有______、______、______、______、______。

4．展览的作用有______、______、______、______。

5．按性质分，展览可分为______和______。

二、判断

1．在收集展览信息时，展览官方网站是第一选择。（ ）

2．展览面积越大越好。（ ）

3．参观展览的观众都是为了凑热闹去的。（ ）

4．特装展位的展示效果好，因此参展商都应该选择特装展位。（ ）

5．在展览项目的运作过程中，承办方起着核心作用。（ ）

## 任务拓展

1．请收集北京国际汽车展览会的信息，并整理出展览主办单位、展览时间、展览地点、展出面积、展览类型等信息。

2．了解UFI。

UFI是国际展览联盟（Union of International Fairs）的简称，于1925年在意大利米兰成立，并将总部设在法国巴黎。在2003年10月20日开罗第70届会员大会上，该组织决定更名为全球展览业协会（the Global Association of the Exhibition Industry），仍简称UFI。UFI是世界展览业最重要的国际性组织。

UFI展览分类标准见表1-4。

表1-4 UFI展览分类标准

| 大　类 | 小　类 |
| --- | --- |
| A：综合性展览 | A1：技术与消费品展览会<br>A2：技术展览会<br>A3：消费品博览会 |
| B：专业性展览 | B1：农业、林业、葡萄业及设备<br>B2：食品、餐馆和旅馆生意、烹调及设备<br>B3：纺织品、服装、鞋、皮制品、首饰及设备<br>B4：公共工程、建筑、装饰、扩建及设备<br>B5：装饰品、家庭用品、装修及设备<br>B6：健康、卫生、环境安全及设备<br>B7：交通、运输及设备<br>B8：信息、通信、办公管理及设备<br>B9：运动、娱乐、休闲及设备<br>B10：工业、贸易、服务、技术及设备 |
| C：消费性展览 | C1：艺术品及古董<br>C2：综合地方展览会 |

## 任务二　感知会议

### 任务描述

博鳌亚洲论坛（英文名称为Boao Forum for Asia，缩写BFA）是一个非政府、非营利性、定期、定址的国际组织，由菲律宾前总统拉莫斯、澳大利亚前总理霍克及日本前首相细川护熙于1998年倡议，并于2001年2月27日正式宣告成立。中国海南博鳌为论坛总部的永久地所在，从2002年开始，论坛每年定期在博鳌召开年会。论坛已成为亚洲以及其他大洲有关国家政府、工商界和学术界领袖就亚洲以及全球重要事务进行对话的高层次平台。论坛致力于通过区域经济的进一步整合，推进亚洲国家实现共同发展。

作为标志性的会议活动，博鳌亚洲论坛有其鲜明的特点，并呈现出高层次的会议服务水平。请你收集最近一届博鳌亚洲论坛的相关信息，提炼其中的关键信息，并由此分析会议的含义、特点、作用和分类。

1．博鳌亚洲论坛的官方网站是什么？它有官方微博或微信吗？

2．为了更好地了解博鳌亚洲论坛，应收集哪些方面的关键信息？这些信息是什么意思？

3．博鳌亚洲论坛代表了会议的哪些特点和作用？

### 学习目标

1．能运用网络、电话、报纸杂志、宣传册等各种方式和途径收集会议信息，并按照要求筛选出关键信息。

2．能说明会议名称、会议4W1H等关键概念。

3．能分析会议的含义、特点、作用和分类。

### 知识储备

在实施工作之前，你应该知道以下知识：

#### 一、会议的含义

会议是人们为了解决某个共同的问题或出于不同的目的聚集在一起进行讨论、交流的活动，它往往伴随着一定规模的人员流动和消费。作为会展业的重要组成部分，大型会议特别是国际性会议在提升城市形象、促进市政建设、创造经济效益等方面具有特殊的作用。

## 二、有关会议的关键概念

1．会议名称

会议名称基本是按“届数+辐射范围/性质+主题+会议形态”等名词性词组的顺序组合而成，如“第九届亚洲天然气大会”，也可以颠倒词组的排列顺序，如“第九届轨道世界大会”。没有标明届数的会议一般是首次召开。

会议名称中表示辐射范围的部分，有的是强调举办地，有的是彰显议题范围，有的则是约定俗成。如“香格里拉对话”，其正式名称应该是“亚洲安全峰会”。但由于会议每年6月初在新加坡香格里拉酒店召开，被舆论和与会者俗称“香格里拉对话”，以致会场主席台背景板上的名称是Shangri-La Dialogue，简称为SLD。

会议的形态有大会、论坛、高峰论坛等。一般来说，大会的与会人数较多。依行业惯例，与会者超过300人的才能称为大会。论坛则强调会议的开放性、议题的包容性、研讨的平等性。高峰论坛意指会议层次较高，出席者非普通人，而是高级官员、业界大佬、学界权威或社会名流，尤其指特邀演讲者系重量级高端人士。还有的如峰会暨颁奖典礼，则表明会议既是高级别论坛，又有颁奖活动。

2．会议4W1H要素

会议方案中须主要解决会议的五个问题，通常称为4W1H要素。

（1）会议主题（What）。会议主题，即会议主要讨论的内容，这是会议策划的一项重要内容。一个好的议题，在吸引社会关注、提高会议效率、实现会议目标乃至树立会议形象等方面都具有不可忽视的作用。如2014年天津夏季达沃斯论坛的主题是“推动创新，创造价值”。

（2）会议时间（When）。会议应在适当的时间召开，并考虑会议的持续时间。会议会期的长短受多种因素的影响，如会议议题的多少、会议日程的安排、会议的松紧度等。一般来说，议题越多，会期越长。有些会议议题不多，甚至只有一个议题，但由于需要较多的程序，会期也会长些。

（3）会议地点（Where）。对于跨地区、全国性、国际性会议，需要选择合适的会议地点。通常，要根据会议的性质、规模、预算以及会场的容量、交通、环境、设备等，最终确定合适的会议地点。常见的会议场所包括宾馆酒店、会议中心、高等院校、科研机构、公共建筑等。

根据有关调查，选择会议地点时须考虑的因素及各因素的重要程度见表1-5。

表1-5　选择会议地点时须考虑的因素及各因素的重要程度

| 考虑因素 | 重要程度 |
|---|---|
| 成本（包括住宿、餐饮等） | 94% |
| 目的地交通是否便利 | 93% |
| 接待会议的酒店和设施情况 | 93% |
| 会议代表距目的地的距离/旅行时间 | 90% |
| 交通费用 | 88% |
| 气候 | 75% |
| 观光和其他活动 | 65% |
| 会议目的地形象 | 65% |
| 娱乐健身设施（高尔夫、网球、游泳等） | 55% |

（4）会议人员（Who）。会议涉及的人员有三类：①会议主体，即策划、组织会议的人员，包括主办者、承办者、支持单位、赞助单位和协办单位。②会议客体，即参加会议的对象，包括正式成员、列席成员、特邀成员、旁听成员。其中，正式成员具有正式资格，有发言权、选举权和表决权。列席成员不具有正式资格，有一定的发言权，但没有表决权和选举权。特邀成员是主办方根据会议需要专门邀请的成员，如上级领导、嘉宾、报告人等。旁听成员不具有正式资格，没有发言权、选举权和表决权。③其他与会议有关的人员，包括嘉宾、主持人和会议服务人员等。

（5）会议形式（How）。会议形式是指用以达到会议效果的手段，包括活动形式、传递方式、会场布置等方面，如现场办公会、座谈会、观摩会、报告会、调查会。它对实现会议目的、提高会议效率有直接影响，通过会议日程和活动表现出来。

## 三、会议的特点

### 1．目的性

会议是为了某一明确的目的而开展的活动。无论在远古时代，还是在当今国际经济一体化社会，举行任何一种形式的会议都有明确的目的，有的是为了布置任务、落实措施，有的是为了贯彻政策、互通信息，有的是为了总结工作、交流经验，还有的是为了宣传教育、表彰先进。比如，举行各级人民代表大会就是为了使各级国家权力机关及时、充分地发挥其职能，实现国家法制化和决策民主化。中国旅游景区管理经验交流会的目的是帮助旅游业行政管理人员、旅游景区管理人员和相关理论研究者更深入、更集中地了解国内旅游景区的现状和发展趋势，为解决景区可持续发展过程中出现的前沿问题搭建互动平台，从而使景区更快、更健康地发展。

### 2．组织计划性

会议活动不仅要有明确的目标，而且要有一定的组织和计划。一般会议都会有主持人，一些大型的会议有时还要设立会议组织机构，包括主席团、秘书组、会务组等。组织一场会议，常常要经过确定会议目标、制定会议议题、选择会场、确定会议时间等一系列程序。会议活动只有具备高度组织性，才能使会议有序地进行，从而实现会议的目标。

### 3．群体沟通性

会议是一种至少有三人以上参加的群体沟通活动。随着科技的迅猛发展，人们的沟通方式越来越多，现在人们可以通过电话、E-mail、多媒体等各种形式进行沟通，但是面对面的群体沟通，即会议这种方式，是任何其他沟通方式都难以替代的，因为这种方式最直接、最直观，也最符合人类原本的沟通习惯。

### 4．交流方式多样性

传统的会议是以口头交流为主、书面交流为辅的活动方式，但是根据现代会议所采用的交流方式来看，在会场上还可以运用图表、计算机多媒体、影视或录像等方式进行交流。会议是一个集合的载体，大家聚集在一起共同讨论、交流。通过会议，不同的人、不同的想法汇聚一堂，相互碰撞，从而产生新想法、金点子，许多高水准的创意就是开会期间不同观念相互碰撞的产物。

第一单元

## 四、会议的功能

1．决策功能

会议是通过民主做出决策的一种重要手段。决策功能是会议活动的基本功能。随着社会的不断发展，行业与行业之间、部门与部门之间的联系比历史上任何时候都更加紧密、更加重要，在这种情况下，会议的功能更是不断得到充分的体现。

2．执行功能

会议可以传达公司和决策者的信念，在会议中传达公司的经营理念，统一全体员工的步调，改进公司的缺失，让公司能够更好地运营。同时通过会议，集思广益，把大家的意见统一起来，使之成为公司即将遵循的一个方向，这样才能众志成城，又快又好地将目标变为现实。

3．沟通职能

会议的沟通就是在会议进行过程中，与会人员相互之间通过直接地交换意见，实现相互间信息的瞬间共享。在沟通方面，会议的功能是其他任何形式都难以比拟和取代的。

4．协调功能

会议的协调功能就是通过会议消除与会人相互之间的差异，并在共同的目标指导下，达到认识的统一和行动的一致，如各种形式的汇报会、协调会。

5．监督功能

许多公司或部门的常规会议的主要目的是监督、检查员工对工作任务的执行情况，了解员工的工作进度；同时，借助会议这种“集合”的、“面对面”的形式，来有效地协调上下级以及员工之间的矛盾。如各种形式的总结、评比会，都能起到监督的作用。

## 五、会议的类型

1．按组织者或主办者分

按会议的组织者或主办者分，会议可分为公司会议、协会学会会议、政府和社会团体会议、展中会、专业会议机构举办的会议等。

（1）公司会议包括公司内部会议和对外会议。其中，公司内部会议即与会者是公司员工，会议的目的是处理公司内部事务的会议，如股东大会、员工大会、经营管理会议、培训会议、联欢会等。公司对外会议则包括新产品推介会、企业有关事宜的发布会、协作单位交流联谊会、分销商会议等。

（2）协会是带有商会性质的行业性社团组织，主要起到规范会员行为的作用。学会则主要是由专家组成的学术性团体。协会和学会都会举行一些处理组织内部事宜的会议，如选举领导、讨论修改规章、制订发展计划等，同时，还会举办一些专业性会议，如技术和产品发展讨论会、科学研讨会等。

（3）政府经常组织举办各种会议，包括国际会议和国内会议。而一些社会团体，如宗教组织、妇女协会、青年组织也常有会议。

（4）展中会是展览期间举办的会议，如新闻发布会、产品推介会、技术交流论坛、专题研讨会等。

（5）现在，有很多会议是由专业会议机构或公司受其他单位或组织委托举办的会议，如热点问题演讲、明星见面会等。还有很多会议场所在提供场地和设备的同时，也接办会议服务。因此，他们承办的会议也属于这一类。

2. 按性质分

按会议性质分，会议可分为法定性或制度规定性会议、决策性会议、工作性会议、专业性会议、告知性会议、商务性会议、联谊性会议、信息性会议等。

法定性或制度规定性会议，如党代会、人代会、职代会、妇代会、股东大会等。决策性会议，如常委会、党组会、理事会、行政会、董事会等。工作性会议，如动员大会、工作布置会、经验交流会、现场办公会、总结会、联席会、座谈会、协调会、务虚会等。专业性会议，如研讨会、论坛、听证会、答辩会、专题会、鉴定会等。告知性会议，如表彰会、纪念会、庆祝会、庆功会、命名会等。商务性会议，如招商会、订货会、贸易洽谈会、观摩会、广告推介会、促销会等。联谊性会议，如接见、会见、茶话会、团拜会、恳谈会、同乡会等。信息性会议，如新闻发布会、记者招待会、报告会、咨询会等。

3. 按规模分

按会议规模分，会议可分为小型会议、中型会议、大型会议和特大型会议。

小型会议的出席人数少则几人，多则几十人，但是一般不超过100人。中型会议的出席人数在100～1000人之间。大型会议的出席人数在1000～10000人之间。特大型会议的出席人数在10000人以上，如重大节日庆典、大型表彰、庆祝大会等。

4. 按范围分

按会议范围分，会议可分为国际会议、国内会议、地区会议、单位或部门会议。

根据ICCA（国际大会与会议协会）的标准，国际会议的标准是：参加国超过4个，参会人数超过50人，至少有20%的外国参会者。凡是来自国外的与会者人数占出席会议总人数的比例达不到国际会议标准的会议，均称为国内会议。地区会议是指规模和影响力仅限于本地区的会议，如长三角会展教育联盟会议。单位或部门会议范围最小。

## 任务实施

收集会议信息 ⇨ 筛选会议的关键信息 ⇨ 分析会议的特点、作用和分类

### 步骤一：收集会议信息

通过互联网、行业期刊、报纸等途径，能收集到大量的会议信息。请阅读2015年博鳌亚洲论坛的信息，并思考如何能最准确、快速地找到这些信息。

2015年博鳌亚洲论坛的基本信息见表1-6。

表1-6　2015年博鳌亚洲论坛

| | |
|---|---|
| 时　间 | 2015年3月26日—29日 |
| 地　点 | 中国海南博鳌 |
| 论坛主题 | 亚洲新未来：迈向命运共同体 |
| 出席领导人 | 各国领导人 |
| 会议活动 | 开幕大会、早餐会、午餐会、晚餐会、分论坛、圆桌讨论、闭门会议、会员俱乐部、电视辩论、CEO对话、博鳌对话、高尔夫邀请赛、闭幕晚宴等 |

在收集博鳌亚洲论坛信息的过程中，你可能使用到了如下工具：互联网（搜索引擎、官方网站、门户网站、手机客户端、微信、微博）、行业期刊、报纸等。在这些信息收集工具中，最准确且最快捷的还是官方网站和官方微博。

那么，现在请利用各种工具，收集北京市近两年举行的三个大型会议的信息。

### 步骤二：筛选会议的关键信息

请根据你收集的会议信息，按照表1-7整理出关键内容。

表1-7 会议的关键信息

| 会议名称 | 会议举办机构 | 会议时间 | 会议地点 | 参会人数 | 信息来源 |
|---|---|---|---|---|---|
| | | | | | |
| | | | | | |
| | | | | | |

### 步骤三：分析会议的特点、作用和分类

1．请按照会议的性质、内容和规模，判断博鳌亚洲论坛以及你所收集的三个会议分别属于哪种会议。

2．请尝试从主办方和参会者的角度，说明博鳌亚洲论坛以及你所收集的三个会议的作用。

3．请根据你对博鳌亚洲论坛以及你所收集的三个会议的信息的理解，具体分析会议的目的性、组织计划性、群体沟通性、交流方式多样性等特点。

可以采用PPT介绍、提问等方法来展示学习成果。

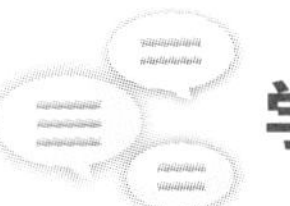

## 学习评价

- 能合理、熟练地使用收集会议信息的基本工具。
- 能按要求从会议各种信息中有针对性地、准确地筛选出关键信息。
- 能根据会议信息，准确分析会议的特点。
- 能从会议不同参与者的角度，准确分析会议的作用。
- 能按照不同的划分标准，准确分析会议类型。

## 任务小结

在本任务中，我们学习了以下内容：

1．如何准确、快捷地收集会议信息。

2．如何有针对性地筛选会议信息。

3．如何正确理解会议的关键概念。

4．如何根据信息来准确判断会议的类型。

5．如何准确分析会议的特点和作用。

## 检测与练习

一、填空

1．会议的名称包括__________、__________、__________、__________等。

2．会议的4W1H要素是指__________、__________、__________、__________、__________。

3．会议的特点有__________、__________、__________、__________、__________。

4．会议涉及的人员有__________、__________、__________。

5．按组织者或主办者分，会议可分为__________、__________、__________、__________、__________。

二、判断

1．没有标明届数的会议一般是首届召开。（ ）

2．大会与论坛的区别在于人数多少。（ ）

3．会议只能有一个议题。（ ）

4．会议列席成员有发言权和表决权。（ ）

5．会议的形式是指用以达到会议效果的手段。（ ）

## 任务拓展

1．请收集中国北京国际食品安全高峰论坛的信息，并整理出会议举办机构、会议时间、会议地点、会议类型等信息。

2．了解ICCA。

ICCA是国际大会及会议协会（International Congress and Convention Association）的简称，创建于1963年，总部位于荷兰阿姆斯特丹，是全球国际会议最主要的机构组织之一，是会议业最为全球化的组织，包括会议的操作执行、运输及住宿等各相关方面的会议专业组织。ICCA在全球拥有80个成员，其首要目标是通过对实际操作方法的评估，促使旅游业大量地融入日益增长的国际会议市场，同时为成员就相关市场的经营管理交流创造机会。作为会议产业的领导组织，ICCA为所有成员提供最优质的组织服务，为所有成员间的信息交流提供便利，为所有成员最大限度地发展提供商业机会，并根据客户的期望值提高专业水准。我国有32家单位加入ICCA。

表1-8中所列为ICCA 2014年度国际会议市场年度报告国家排行榜。

表1-8 ICCA 2014年度国际会议市场年度报告国家排行榜

| 排　　名 | 国　　家 | 年国际会议数量 |
| --- | --- | --- |
| 1 | 美国 | 831 |
| 2 | 德国 | 659 |
| 3 | 西班牙 | 578 |
| 4 | 英国 | 543 |
| 5 | 法国 | 533 |
| 6 | 意大利 | 452 |
| 7 | 日本 | 337 |
| 8 | 中国 | 332 |
| 9 | 荷兰 | 307 |
| 10 | 巴西 | 291 |

## 任务三　感知奖励旅游

### 任务描述

奖励客户：法国标致公司的英国经销商。

活动项目：第一季度奖励旅游。

参与人数：224人。

委托公司：Adding Value。

活动日期：2010年6月12日—22日。

目的地：肯尼亚的马赛马拉国家保护区、坦桑尼亚的桑给巴尔岛。

预算：保密。

活动时间节点，见表1-9。

表1-9　活动时间节点

| 时　　间 | 活　　动 |
| --- | --- |
| 2009年12月 | 法国标致公司指定Adding Value公司负责奖励旅游活动 |
| 2010年1月 | 在公司年度经销商大会上，奖励旅游计划正式启动 |
| 2010年2月 | 第一次到非洲为活动选址 |
| 2010年4月 | 第二次到非洲为活动选址，标致公司宣布获得奖励旅游资格的经销商名单 |
| 2010年5月 | 提醒参与活动人员接种疫苗及其行李托运事宜 |
| 2010年6月 | 奖励旅游启程 |

1．如果你负责本次活动，将怎样安排这次200多人的十天奖励旅游？

2．为什么这个策划案会得到好评？有哪些值得我们学习的地方？

3．通过这个案例，你了解了哪些奖励旅游的要点和作用？

## 学习目标

1．能运用各种方式和途径收集奖励旅游信息，并按照要求筛选出奖励旅游组织者、服务商、旅游者、线路规划等关键信息。

2．能说明奖励旅游的含义和本质。

3．能分析奖励旅游的特点、作用和分类。

## 知识储备

在实施工作之前，你应该知道以下知识：

### 一、奖励旅游的含义

根据国际奖励旅游协会的定义，奖励旅游的目的是协助企业达到特定的目标，并对达到该目标的参与人士，给予一个尽情享受、难以忘怀的旅游假期作为奖励。需要指出的是，奖励旅游并非一般的员工旅游，而是企业业主提供一定的经费，委托专业旅游业者精心设计的“非比寻常”的旅游活动。用旅游这一形式作为对员工的奖励，会进一步调动员工的积极性，增强企业的凝聚力。

### 二、奖励旅游的本质

*1．奖励旅游是一种现代化管理手段*

首先，奖励旅游的激励作用可以提高企业业绩，增强员工的荣誉感和向心力，加强团队建设，塑造企业文化，是实现企业管理目标、增强企业实力、促进其良性健康发展的重要手段。

其次，大规模的奖励旅游应视为企业一项重要的市场宣传活动。对于较大规模的奖励旅游，会有包机、包车、包场的机会，相应地都会打出醒目的企业标志。此方式的采用对企业产生着积极作用，可树立企业良好形象、扩大企业知名度，倘若有媒体相关报道，则效果更佳。

最后，奖励旅游的资金来源并不是企业自掏腰包，而是在实现了其特定目标后，用创造出来的超额利润的一部分进行的。

*2．奖励旅游重精神奖励和长效激励*

奖励旅游的出现和实施是企业激励方式转化的一种表现。在物质激励效用边际递减的情况下，企业转而依靠精神手段来满足员工的社会需求和人性要求。通过奖励旅游中的一系列活动以及专项会议、颁奖典礼、主题晚宴、集体游戏、友情赠送等，可以极大地提高员工的工作积极性，增加经销商和客户对企业品牌的忠诚度，激励他们更好地为企业服务，同时也起到了对企业本身组织建设的激励作用。

与传统的奖励形式相比，奖励旅游是一种长效激励。在参加奖励旅游的过程中所产生的令人愉悦的精神享受和难以忘怀的经历，对员工和其他奖励旅游者的内在激励将是长久的。

3．奖励旅游的重要依据是绩效

奖励旅游是基于企业目标的实现而对为实现这一目标做出贡献的工作业绩表现优异的人员进行的奖励。当奖励旅游对象达到企业预先设定的绩效标准时，企业就通过奖励旅游服务商将奖励旅游计划付诸实施。奖励旅游一般是在员工超额完成企业指定任务的前提下实行的，其费用来自于员工创造的超额利润。奖励旅游作为激励措施所具有的灵活性，也是其被企业管理者看重的主要原因之一。

4．奖励旅游是种特殊的公费旅游

奖励旅游属于公费旅游活动的一种。对于奖励旅游者而言，奖励旅游是一项带薪的、免费的活动，整个活动的费用由企业全额支付。企业为了达到奖励优秀员工和宣传企业形象的目的，在活动组织方面不惜花费巨资，以期使奖励旅游者满意。可以说，奖励旅游是企业给予优秀员工和对企业做出重大贡献的供应商、经销商、客户等利益相关人员的一项福利。

与一般的公费旅游相比，奖励旅游是由旅游机构专业运作，为个别企业量身打造，将企业文化有机融入其中的旅游活动。它非常强调对场地的选择及布置、晚会节目的设计、气氛的营造甚至宴会的安排。旅程中其他活动的安排也要别出心裁。比如飞机、观光景点、下榻饭店和宴会大厅都可巧妙地布置有醒目的公司标志，因为大规模的奖励旅游同时又是企业的一次独特的市场宣传活动。

5．奖励旅游是一特殊旅游活动项目

奖励旅游是一种通过精心设计的旅游活动项目来达到激励员工和相关利益人员的目的及实现特定企业目标的特殊旅游形式，即通过旅游的形式来实现企业管理的目标。奖励旅游活动的内容广泛，既包含消遣性活动，又包括各种商务性活动，尤其特意安排企业会议、公司展览、员工培训、主题晚会、颁奖典礼等活动内容，使奖励旅游成为一种综合性的会展活动，充分体现了旅游与会展的交融性。

除服务对象特殊，活动内容需个性化定制外，奖励旅游在时间安排、流程策划、目的地选择、售前售后服务等服务方面与传统的休闲旅游都有一定的区别，具体见表1-10。

表1-10　奖励旅游与一般休闲旅游的区别

| 项　目 | 奖励旅游 | 休闲旅游 |
|---|---|---|
| 付费方 | 企业或机构，而非旅游者 | 旅游者 |
| 目的地决定者 | 奖励旅游的组织者 | 旅游者 |
| 旅游时间安排 | 全年的任何时间 | 通常是节假日、周末 |
| 旅行前期准备 | 一些奖励旅游的前期准备比较仓促 | 长假通常提前几个月预订，而短假提前几天 |
| 旅行人员 | 企业相关人员（鼓励员工带家属） | 任何有闲暇和经济能力的人 |
| 旅游目的地 | 主要在经济发达国家的大中型城市 | 任何地方 |

## 三、奖励旅游的特点

1．具有鲜明的企业文化特征

企业文化是企业员工在长期的生产经营活动中培育形成并共同遵守的最高目标、价值标准、基本信念以及行为规范。没有企业的经营活动也就没有企业文化的产生，而企业文化是为企业经营目标服务的。企业组织奖励旅游的目的是弘扬企业文化，树立企业形象，宣扬企业理念，提高企业经营业绩，因此旅游活动的安排要与公司的企业文化相适应，要将企业文化有机地融于旅游活动之中。即使是企业高层领导与受奖者共商企业发展大计，也总是围绕着企业文化这一主题展开。

2．团队整体素质高，约束力强

参加奖励旅游的旅游者不同于一般的旅游者，他们是企业中创造业绩的人、对企业有贡献的人（包括企业品牌的重要消费者），并通过特定的资格审核，整体素质比较高。他们对企业目标、行业规范以及价值观念的认同感强，从而自觉遵守组织中共同的价值观和行为准则，受到领导和群众的认同和赞扬，在心理上会有备受尊崇的满足感。他们在参与奖励旅游的整个过程中，事事处处都表现出行动的一致性，随意性小。

3．会、奖结合

在奖励旅游的日程中，根据企业组织该活动的意图和宗旨，要安排颁奖仪式、主题晚宴、先进事迹报告、企业发展战略研讨、工作计划讨论等会议活动，做到会议与奖励相结合。负责承办旅游活动的专业机构（如旅行社、旅游公司等）对整个日程安排与活动布置都必须做出精心策划和设计，要烘托出企业文化，营造出满足员工成就感和荣誉感的氛围，既要能达到企业（单位）举办活动的目的并激发员工的积极性，又要能给参加者留下难忘的美好回忆。

## 四、奖励旅游的作用

1．有利于创建团队精神

企业（单位）中的员工平常有各自的岗位，上班时间各干各的工作，下班后各有各的家务或业余生活，很少有在一起谈心与交流的机会。企业（单位）组织奖励旅游的目的之一就是为员工提供在一起交流的机会和场所，让员工在旅游活动中住在一起、吃在一起、玩在一起，有困难大家帮、有欢乐大家享，增进彼此间的了解，加深相互间的友谊，从而增强企业（单位）凝聚力，促进团队精神的培育。

2．有利于增强管理者和企业的亲和力

日常工作中，员工与管理者的接触比员工之间的接触更少。奖励旅游给员工和管理者创造了一个比较特殊的接触机会，大家可以在旅游这种较为随意、放松的情境中进行一种朋友式的交流，让员工在交流中感受管理者的情谊、管理者的心愿、管理者的期盼，从而增强管理者和企业的亲和力。

3．有利于延长奖励的时效性

奖励方式多种多样，既有物质奖励，也有精神奖励。发奖金、送奖品是一种最为普遍的奖励形式，但对受奖者来说，激励的时效较为短暂。一些研究管理问题的心理学家在经过大量调查和分析后发现，把旅游作为奖品来奖励员工、客户时，其所产生的积极作用远比金钱和物质奖品的作用要强得多、要好得多，原因是在旅游活动过程中营造的“荣誉感、成就感”氛围，使受奖者的记忆更持久，旅游活动过程中受奖者之间、受奖者与管理者之间通过交流增强的亲切感，能够激励员工更好地为企业服务。因此，这种奖励方式越来越受到企业的重视与员工的欢迎。

4．*有利于旅游产品的多元化发展*

随着社会经济的快速发展，人们对旅游的要求日益提升，传统的旅游产品已满足不了人们的需求，这就要求旅游业界积极拓展旅游产品，改善旅游产品结构，逐渐从由单一的观光旅游向多元化发展。奖励旅游在诸多旅游产品中，效益高、前景好，已成为国际旅游市场的热点项目。推进我国旅游市场中奖励旅游产品的开发，有利于我国旅游产品结构的调整，有利于旅游产品的升级换代和多元化发展。

## 五、奖励旅游的类型

1．*按活动模式划分*

按活动模式划分，奖励旅游可分为传统型奖励旅游和参与型奖励旅游两种。

传统型奖励旅游是指从20世纪60年代至20世纪90年代中期，企业常用的奖励旅游模式。这类奖励旅游有一整套完善的流程和有组织的活动项目，其流程通常如下：

（1）会议。公司举办年会、培训等活动，为员工提供交流、学习的机会。

（2）旅游。组织参会者去附近的旅游景点观赏、休闲。

（3）颁奖典礼。对表现突出的员工或做出重要贡献的经销商进行公开表彰。

（4）主题晚宴或晚会及赠送有意义的礼物。别出心裁的主题宴会是行程中的重头戏，从场地的选择及布置到晚会节目的设计、气氛的营造以及餐饮的安排，每一个细节都要令员工难忘，融入企业文化的安排具有增强员工荣誉感、加强企业团队建设的作用。

（5）公司的最高层领导出面作陪，和受奖者共商大计，这对于参加者来说无疑是一种殊荣。

（6）请名人参加奖励旅游团的某项活动。传统型奖励旅游在环节设计时注重通过豪华、高档和大规模来体现奖励旅游者的身价，并通过制造惊喜，使参加者产生终生难忘的美好回忆。

以美国为代表，传统型奖励旅游至今仍受到美国奖励旅游者及公司管理人员的喜爱。由于美国是世界上最大的奖励旅游市场，因而，传统型奖励旅游仍占有较大的市场份额。

参与型奖励旅游是奖励旅游市场的发展趋势，尤其体现在欧洲市场方面。越来越多的奖励旅游者要求在他们的旅游日程安排中加入参与型项目，比如参加旅游目的地当地的传统节日、民俗活动，品尝风味美食，参与富有竞争性、趣味性的体育活动，或者是探险类的活动，如徒步、登山、划艇、漂流等。但参与型奖励旅游会涉及企业责任问题，既要考虑相关法律规章的约束及员工人身安全，又要考虑活动安排的合理性问题。因此参与型奖励旅游在实际操作中常会遇到纠纷问题。另外，由于文化的差异，不同地区的人们对待参与型奖励旅游的态度也不尽相同。

2. 按活动目的划分

按活动目的划分，奖励旅游可分为慰劳型奖励旅游、团队建设型奖励旅游、商务型奖励旅游和培训型奖励旅游。

(1) 慰劳型奖励旅游作为一种纯粹的奖励，其主要目的是慰劳和感谢对公司业绩增长有贡献的人员，缓解其工作压力，旅游活动安排以高档次的休闲、娱乐等消遣性活动项目为主。

(2) 团队建设型奖励旅游的目的主要是促进企业员工之间，企业与供应商、经销商、客户等的感情交流，增强团队氛围和协作能力，提高员工和相关利益人员对企业的认同度和忠诚度，旅游过程中注重安排参与性强的集体活动项目。

(3) 商务型奖励旅游的目的与实现企业特定的业务或管理目标紧密联系，如推介新产品、增加产品销售量、支持经销商促销、改善服务质量、增强士气、提高员工工作效率等。这类奖励旅游活动几乎与企业业务融为一体，公司会议、展销会、业务考察等项目在旅游过程中占据主导地位。

(4) 培训型奖励旅游的目的是对员工、经销商、客户等进行培训，最常见的为销售培训。旅游活动与培训结合，“寓教于乐”，可以达到更好的效果。

## 任务实施

收集奖励旅游信息 ⇨ 筛选奖励旅游的关键信息 ⇨ 分析奖励旅游的特点、作用和分类

### 步骤一：收集奖励旅游信息

1. 请登录互联网，搜索“法国标致公司经销商奖励旅游”，并思考在此次奖励旅游过程中，奖励旅游服务商在划分时间节点、安排各项工作、线路规划和活动安排等方面有哪些做得好的地方。

2. 请利用互联网，收集三个奖励旅游案例。

### 步骤二：筛选奖励旅游的关键信息

请根据你收集的奖励旅游案例，按照表1-11整理出关键信息。

表1-11　奖励旅游的关键信息

| 组 织 者 | 旅游服务商 | 旅 游 者 | 线 路 规 划 | 特 色 活 动 |
|---|---|---|---|---|
| | | | | |
| | | | | |
| | | | | |

### 步骤三：分析奖励旅游的特点、作用和分类

1．请按照奖励旅游的活动模式和活动目的，判断法国标致公司经销商奖励旅游以及你所收集的三个奖励旅游案例分别属于哪种类型的奖励旅游。

2．请尝试从组织者、服务商、旅游者和旅游目的地的角度，分别说明法国标致公司经销商奖励旅游以及你所收集的三个奖励旅游案例的作用。

3．请根据你对法国标致公司经销商奖励旅游以及你所收集的三个奖励旅游案例的理解，具体分析奖励旅游的特点。

可以采用PPT介绍、提问等方法来展示学习成果。

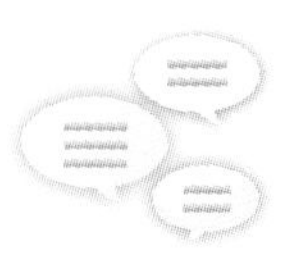

## 学习评价

- 能合理、熟练地使用收集奖励旅游有关资料的基本工具。
- 能按要求从奖励旅游各种信息中有针对性地、准确地筛选关键信息。
- 能从奖励旅游组织者、服务商、旅游者的角度，准确分析奖励旅游的作用和特点。
- 能按照不同的分类，准确分析奖励旅游的类型。

## 任务小结

在本任务中，我们学习了以下内容：

1．如何准确、快捷地收集奖励旅游信息。

2．如何有针对性地筛选奖励旅游信息。

3．如何正确理解奖励旅游的本质。

4．如何根据奖励旅游的模式和目的来准确判断奖励旅游的类型。

5．如何准确分析奖励旅游的特点和作用。

## 检测与练习

一、填空

1．奖励旅游的英文是__________。

2．奖励旅游的本质是__________、__________、__________、__________等。

3．奖励旅游的费用由__________支付。

4．按活动模式划分，奖励旅游可分为__________和__________。

5．按活动目的划分，奖励旅游可分为________、________、________和________。

二、判断

1．奖励旅游就是一般的员工旅游。 (    )

2．奖励旅游是企业一项重要的市场宣传活动。 (    )

3．奖励旅游费用由企业承担。 (    )

4．奖励旅游的重要依据是绩效。 (    )

5．慰劳型奖励旅游的主要目的是促进企业员工之间，企业与供应商、经销商、客户等之间的感情交流。 (    )

## 任务拓展

### 一、中国发展奖励旅游存在的问题

1．误读奖励旅游的真正含义

中国企业对奖励旅游的误解主要分为两种：①认为奖励旅游是大众福利；②对奖励旅游的认识仅限于字面上：奖励优秀的员工出去旅游时，参加普通的旅游团而已。许多企业把奖励旅游、物品奖励和现金奖励画上等号，在它们之间变换着奖励方式。

2．奖励旅游产品缺乏深度开发

奖励旅游要有量身定做、非比寻常的体验。活动项目应是参与性强、有创意并与企业文化有机结合的活动。但旅行社提供的奖励旅游产品同质化程度高。而且有些受奖者已是多次受奖，雷同的产品难以达到激励效果。某500强企业员工关系经理表示，他们一直把本公司的奖励旅游给专业的活动公司承办，开始合作有许多惊喜，但合作的次数多了，活动项目没有更多的创新，就变得乏味了。

3．奖励旅游专业人才的缺乏

奖励旅游专家提出，中国的奖励旅游专业人士对奖励旅游行业了解得并不透彻，而且奖励旅游组织者需要具备专业知识来开展工作，统筹工作；要有良好的沟通能力，与企业共同制定奖励标准和了解奖励旅游对象的意愿以及宣传相关的奖励旅游计划；要富有创造力和较强的策划能力，以策划出与众不同的有深度的奖励旅游产品；还需要有危机处理能力来化解奖励旅游在实施过程中的突发的意外与风险。

4．扶持政策不足

2004年，国家发布了要对享受企业提供的奖励旅游的员工征收个税的规定，让奖励旅游成本增加，影响企业与奖励旅游对象的积极性，在某种程度上不利于奖励旅游在中国的推广和普及。

## 二、发展奖励旅游的对策

1．让企业了解奖励旅游的真正含义及作用

让企业全面了解奖励旅游的真正含义及作用，可从两方面入手：①旅行社可以向企业做相关宣传，如拜访企业，讲解奖励旅游和展示一些成功案例；或通过电视媒体、报纸杂志、网站等途径做宣传活动。②学术界提高关注度，加强理论支持和推广，从而让企业乃至大众都能真正认识奖励旅游。

2．深度开发奖励旅游产品

奖励旅游与普通旅游是有区别的，奖励旅游的服务对象包括企业和奖励旅游对象，不是谁来报名都用同一条线路和同样的活动内容。而且活动项目要根据奖励旅游对象的普遍意愿，结合企业实际情况，按奖励旅游对象的性别、年龄、爱好、身体状况等来制订奖励旅游产品，改变一个模式重复套用的现状。在奖励旅游产品开发中，细节、惊喜、创意都是不可或缺的。把奖励旅游做精做细，无论在旅游线路、景点、接待服务上都要体现量身定做、非比寻常的特点。

3．培养奖励旅游专业人才

要发展奖励旅游，建立高素质的专业人才团队是必不可少的条件之一。中国的奖励旅游尚处于“幼儿期”，可向已是“成人”的发达国家“取经”。首先，可通过旅游局或行业组织，邀请发达国家的专家到中国进行培训；再者，可引进发达国家的专业人才，带领中国奖励旅游操作人员，让他们从中学习以达到专业水平；还可以把中国奖励旅游操作人员输送到发达国家进行培训。

4．加大相关扶持政策的力度

奖励旅游需要政府相关政策的支持，规范行业内经营混乱的状况，才能更好更快地发展起来。首先，应出台相关扶持政策，把公费旅游与奖励旅游区分开来，细化两者的政策，制定各自独立的政策法规；其次，规范奖励旅游经营制度，使行业得到自律。只有企业、旅游业者以及政府共同努力，奖励旅游才能更好地发展。

# 任务四　感知节事活动

## 任务描述

青岛国际啤酒节始创于1991年，最初是由青岛啤酒厂主办，后由青岛市人民政府组建专门的机构主办。该活动是以啤酒为媒介，融旅游休闲、文化娱乐、经贸展示于一体的大型节庆活动，每年八月的第二个周末在青岛开幕，为期16天，是国内规模最大的酒类狂欢活动，在国内外具有较广泛的知名度和影响力，被誉为亚洲最大的啤酒盛会。

图1-8和图1-9所示分别为青岛国际啤酒节官方网站和第21届青岛国际啤酒节吉祥物朵朵。

图1-8　青岛国际啤酒节官方网站

图1-9　第21届青岛国际啤酒节吉祥物朵朵

1．青岛国际啤酒节和青岛啤酒有什么关系？

2．青岛国际啤酒节为什么能成为中国现代节事活动的代表？

3．从青岛国际啤酒节能看出节事活动的哪些特点和作用？

## 学习目标

1．能运用网络、电话、报纸杂志、宣传册等各种方式和途径收集节事活动信息，并按照要求筛选出关键信息。

2．能说明节事活动主办方、活动时间、活动地点、活动内容、活动影响力等关键概念。

3．能分析节事活动的含义、特点、作用和分类。

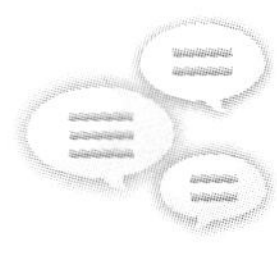

## 知识储备

在实施工作之前，你应该知道以下知识：

### 一、节事活动的含义

节事活动是节庆和特殊事件的统称。节庆通常指有主题的公共庆典，特殊事件可以用来形容精心策划和举办的某个特定的仪式、演讲、表演或庆典，可以包括国庆节、庆典、重大的市民活动、独特的文化演出、重要的体育比赛、社团活动等。

图1-10和图1-11所示为第十四届北京国际旅游节和中国曲阜国际孔子文化节。

图1-10 第十四届北京国际旅游节

图1-11 中国曲阜国际孔子文化节

## 二、节事活动的特点

节事活动作为会展速的一个部分，除了具有会展活动的一般性外，还具有自身的一些特性，具体如下：

（1）文化性。节事活动本身就是文化活动，这些以民族文化、地域文化、节日文化和体育文化等为主导的节事活动往往具有极浓的文化气息。

（2）地域性。节事活动都是在某一地域开展的，都带有明显的地域性，可成为目的地的形象的指代物。有些节事活动已经变成地域的名片，而少数民族节日更是独具地方特色。

（3）时效性。每一项节事活动都有季节和时间的限制，都是按照预先计划好的时间规程开展和进行的。

（4）体验性。节事活动实际就是亲身经历、参与性很强、大众性的文化、旅游、体育、商贸和休闲活动，是建立在大众参与和体验基础上的。

（5）多样性。节事活动的内涵非常广泛，其开展形式可多元化，开展内容可丰富多彩。

（6）交融性。节事活动的多样性和大众参与性决定了其必然有强烈的交融性，许多节事活动都包含着会展活动，从而成为带动当地经济发展的引擎。

（7）二重性。节事活动参与者的角色，一是该主题节事活动的参与者，二是该主题节事活动的旅游者。

（8）个性化。举办地必须有特别出色的节事活动产品供参与者和旅游者挑选，否则一般很难成功。

（9）吸引性。节事活动本身必须具备强大的吸引功能，给参与者留下非常好的感知印象，让其产生非去不可的愿望。

（10）认可性。节事活动应该控制节事活动参与者的数量，保护当地旅游环境不受破坏，在当地居民承受能力之内，以当地居民认可并显示出友好的态度为准。

## 三、节事活动的作用

节事活动具有强大的产业联动效应，可使旅游者在停留期间具有较多的参与机会。它不仅能给城市带来场租费、搭建费、广告费、运输费等直接收入，还能创造住宿、餐饮、通信、购物、贸易等相关收入。更重要的是，节事活动能会聚更大的客源流、信息流、技术流、商品流和人才流，能对一个城市或地区的经济发展和社会进步产生促进作用。

（1）节事活动可以促进城市基础设施的完善，优化城市环境。举办节事活动，可以极大地促进城市的交通、通信、城建、绿化等基础设施建设，优化城市环境，尤其对交通条件的改善具有很大的推动作用。在实际工作中，各城市在举办节事活动之前，都十分重视交通等城市基础设施的完善工作。

（2）节事活动促进了城市相关产业的发展。任何一次节事活动都具有一定的主题，与这一主题的相关的企业或整个产业都可以在节事活动中获得经济收益。如每一届大连国际服装节都迎来了大量的海内外服装厂家、商家、设计师和模特，各类表演活动、发布会、展览会、洽谈会，为本地服装业及其相关产业、生产厂商提供了巨大的商机。

（3）节事活动对主办城市具有很强的形象塑造作用，并能提升城市的知名度。城市形象是一个综合的形象塑造系统，需要花费大量精力和进行长时间的宣传，才能塑造成功。此外，城市整体形象是通过对各种形象要素的整合实现的，其宣传工作难度很大。而节事活动的开展，往往能够对城市主题形象起到很重要的宣传作用。参加者可以通过节庆活动的各项内容，全面了解城市的自然景观、历史背景、人文景观、建设成就等内容，从而对城市形象有感性认识。另外，节事活动本身就是目的地形象的塑造者，举办节庆活动就是目的地形象的塑造过程。

（4）节事活动能够极大地弘扬传统文化，推进精神文明建设。节事活动对于弘扬中国传统文化，彰显传统文化的丰富内涵和个性；对于进一步密切国内外文化交流与合作，促进文化的传承、发展和经济社会的全面进步，具有积极而深远的影响。

（5）节事活动具有很强的后续效应。节事活动给城市带来的效应，不仅仅限于当时所创造的效应部分。对于主办城市的居民来说，通过节事活动掌握大量的信息，挖掘了大量的商机，可以是参加了一次免费的交流会；对于主办城市来说，通过举办节事活动，改善当地的基础设施，优化社会环境，创造了良好的投资环境，给参加节事活动的人们留下好印象，创造了一批潜在的投资家。这些效果不一定在当时就看得出来，也许会经过较长时间才能显现。因此，举办节事活动创造的效应具有持续性、后续性。

## 四、节事活动的类型

节事活动按主题的不同进行划分，通常有商贸、文化、自然景观、民俗风情、宗教、体育及综合七大类型。

### 1．以“商贸”为主题的节事活动

这类节事活动是以地区的工业产品、地方特色商品和著名物产特产为主题，辅以其他相关的参观活动、表演活动等而开展的节事活动，如图1-12和图1-13所示。商贸节事活动除了可以起到商品交流、经贸洽谈等经济功效外，还可以为举办城市带来很多社会效益。

图1-12　中国豆腐文化节

图1-13　洛阳牡丹节

2．*以“文化”为主题的节事活动*

文化节事活动是依托当地文脉以及该区域在历史上具有的或现存的典型的、特质性的地域文化类型而开展的节事活动，如图1-14和图1-15所示。这类节事活动文化底蕴深厚，对游客吸引力强。常常与当地特色文化的物质载体相结合，开展丰富多彩的观光、文化活动。如淄博国际聊斋文化节事活动，以人人耳熟能详、流传很广的聊斋文化为主题，举办各种与聊斋主题相关的活动，来活化人们心中的聊斋故事，深受游客喜爱。

图1-14　聊斋文化节

图1-15　妈祖文化节

3．*以“自然景观”为主题的节事活动*

自然景观节事活动是以当地地脉和具有突出性的地理特征的自然景观为依托，综合展示地区旅游资源、风土人情、社会风貌等的节事活动，如图1-16和图1-17所示。这类节事活动与自然景观的观光旅游活动有相似之处，也有不同之处。自然景观仅仅是该类节事活动的主打产品，不是全部。因此，在节事活动中，除了突出自然景观的主体地位外，还有很多其他的相关活动作陪衬。类似的节事活动有中国哈尔滨国际冰雪节（我国历史上第一个以冰雪活动为内容的区域性节目）、张家界国际森林节、中国吉林雾凇冰雪节、云南罗平油菜花旅游节等。

图1-16　国际冰雪节

图1-17　油菜花旅游节

4．以“民俗风情”为主题的节事活动

民俗风情节事活动就是以本民族独特的民俗风情为主题，涉及书法、民歌、风筝、杂技等内容的节事活动，如图1-18和图1-19所示。我国是多民族国家，民族习俗各不相同，节事活动题材非常丰富，因此，该类节事活动非常之多。

图1-18　南宁民歌艺术节

图1-19　吴桥杂技艺术节

5．以“宗教”为主题的节事活动

宗教文化是中国传统文化的重要组成部分，宗教文化内容丰富、风格多样。宗教节事活动就是基于宗教对游客的吸引力而创办的，如图1-20和图1-21所示。宗教节事活动吸引的游客大多是宗教信仰者，这类参加者由于信仰关系，对宗教节事活动的参与度很高，并且重游率也很高。

图1-20　五台山佛教文化节

图1-21　雪顿节

6．以“体育”为主题的节事活动

体育节事活动以体育赛事为主题吸引游客，如奥运会、世界杯（见图1-22）、汽车比赛（见图1-23）等。

图1-22　世界杯

图1-23　汽车比赛

7．综合性的节事活动

综合节事活动大多是综合几种主题在大城市举办。这种节事活动一般持续时间比较长，内容综合、规模较大、投入较多，相应的取得的效益也会比较好。我国许多大城市都有此类节事活动，例如，广东欢乐节（见图1-24）将广州国际美食节、中国旅游艺术节和广东欢乐节“三节”合并，为期11天，集饮食、娱乐、商贸、旅游于一体，是典型的综合节事活动。

图1-24　广东欢乐节

## 任务实施

收集节事活动信息 ⇒ 筛选节事活动的关键信息 ⇒ 分析节事活动的特点、作用和分类

### 步骤一：收集节事活动信息

1．请登录青岛国际啤酒节官方网站www.qdbeer.cn，了解最近一届青岛国际啤酒节的时间、地点、主办方、各项活动安排，并思考其成功的原因。

2．请利用互联网，收集三个节事活动的相关信息。

尽量收集不同类型的节事活动的信息。

### 步骤二：筛选节事活动的关键信息

请根据你收集的节事活动信息，按照表1-12整理出关键内容。

表1-12　节事活动的关键信息

| 节事名称 | 时　间 | 地　点 | 主办方 | 活动安排 |
| --- | --- | --- | --- | --- |
| | | | | |
| | | | | |
| | | | | |

### 步骤三：分析节事活动的特点、作用和分类

1．请按照节事活动的主题，判断青岛国际啤酒节以及你所收集的三个节事活动分别

属于哪种类型的节事活动。

2．请尝试从组织者、节事活动参与者和举办地的角度，说明青岛国际啤酒节以及你所收集的三个节事活动的作用。

3．请根据你对青岛国际啤酒节以及你所收集的三个节事活动的理解，具体分析节事活动的特点。

可以采用PPT介绍、提问等方法来展示学习成果。

## 学习评价

- 能合理、熟练地使用收集节事活动信息的基本工具。
- 能按要求从节事活动各种信息中有针对性地、准确地筛选关键信息。
- 能根据节事活动信息，准确分析节事活动的类型和特点。
- 能从节事活动组织者、参与者和举办地的角度，准确分析节事活动的作用。

## 任务小结

在本任务中，我们学习了以下内容：

1．如何准确、快捷地收集节事活动信息。

2．如何有针对性地筛选节事活动信息。

3．如何正确理解节事活动的关键概念。

4．如何根据信息来准确判断节事活动的类型。

5．如何准确分析节事活动的特点和作用。

## 检测与练习

一、填空

1．节事活动的英文是__________。

2．节事活动是__________和__________的统称。

3．按主题划分，节事活动可分为______________、______________、______________、__________、__________、__________、__________。

4．潍坊风筝节属于以__________为主题的节事活动。

5．广东欢乐节将__________、__________和__________“三节”合一。

二、判断

1．节事活动本身就是文化活动。　　(　　)

2．节事活动没有季节和时间的限制。 （ ）

3．山西面食节属于以文化为主题的节事活动。 （ ）

4．不是每个节事活动都一定有主题。 （ ）

5．节事活动对主办城市具有很强的形象塑造作用。 （ ）

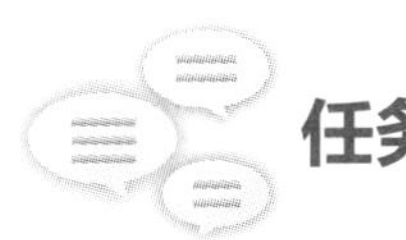

## 任务拓展

国际节庆协会（IFEA）

国际节庆协会的英文名称是International Festivals & Events Association，简称为IFEA，成立于1956年，是世界节日庆典暨特殊事件活动的行业组织机构，致力于提高会员和整个节庆行业的职业化程度。全世界已经有3000余个行业组织及专业人士成为IFEA的会员。IFEA每年对全球范围内2000多个会员组织的节庆活动进行评选，对质量较高和具有创造性的活动颁发Haas&Wilkerson Pinnacle综合奖，此外还包括全球节庆城市奖、IFEA节庆人物奖以及广播电视、印刷品、推广项目等各种单项奖。2012年，拉萨获得IFEA年度“全球节庆城市奖”。

# 项目二 认知会展企业

会展业是一个新兴的服务行业，它影响广，关联度高。会展经济逐步发展成新的经济增长点，而且会展业是发展潜力大的行业之一。随着会展业的兴起，世界各地的会展企业，也如雨后春笋般崛起。

本项目是认识会展的第二步——认识不同的会展企业。

## 项目介绍

现在，你已对会展的基本构成有了一定的了解，并准备进入会展行业，从事会展相关工作。那么，你准备到哪些公司和企业就职呢？

在本项目中，你将认识不同类型的会展企业，并了解各种会展行业主体的岗位设置、工作性质以及岗位能力要求、业务范围等。

本项目共分为两个任务：

项目二 认知会展企业 → 任务一 认识不同的会展企业；任务二 认知会展企业组织结构

## 背景知识

### 一、全球组展商十大巨头

2015年，德国经济展览和博览会委员会（AUMA）发布了全球组展商排名报告。报告中对2014年世界范围内营业额超过1亿欧元的28家组展商进行了排名，其中显示世界十大收入最高的展览组织机构为：

（1）英国励展集团居于首位，营业额11.04亿欧元。

（2）法国智奥会展公司排名第2，营业额9.39亿欧元。

（3）英国UBM集团排名第3，营业额5.61亿欧元。

（4）德国法兰克福展览公司排名第4，营业额5.54亿欧元。

（5）德国杜塞尔多夫展览公司排名第5，营业额4.11亿欧元。

（6）瑞士MCH集团排名第6，营业额3.73亿欧元。

（7）法国巴黎展览公司排名第7，营业额3.16亿欧元。

（8）德国慕尼黑博览中心排名第8，营业额3.09亿欧元。

（9）德国汉诺威展览公司排名第9，营业额2.8亿欧元。

（10）德国柏林展览公司排名第10，营业额2.69亿欧元。

### 二、中国知名会展企业——上海现代国际展览有限公司

上海现代国际展览有限公司（www.chinamie.com）成立于1993年，是中国首家通过ISO 9000国际质量体系认证的展览主办企业，也是全球展览业协会（UFI）会员。其经营范围包括：承办出国、国内来华展览，设计、制作、代理各类广告，利用自有媒体发布广告，美术设计，展览用设备及器材。公司共有7个部门。其中，4个业务部门分别承担公司近20个展览项目的主办；另有展示策划部，负责政府展项目、商业展以及公司自办展的展示策划、设计、制作；经理办公室和财务部负责企业日常运营的工作。公司连续四届（8年）荣获“上海市文明单位”称号，荣获中国2010年上海世博会公益宣传贡献奖、2005年建设节约型社会展览会最佳设计奖、郑和航海暨国际海洋博览会海洋展优秀创意奖、日本爱知世博会中国馆系列展出先进单位奖。主要展览项目有：上海国际广告印刷包装纸业展、上海国际建材及建筑节能展、中国上海国际生物技术博览会、上海国际家用车商用车展。其中，前两个展览会通过了UFI认证。

### 三、会展行业产业链

会展行业产业链如图1-25所示。

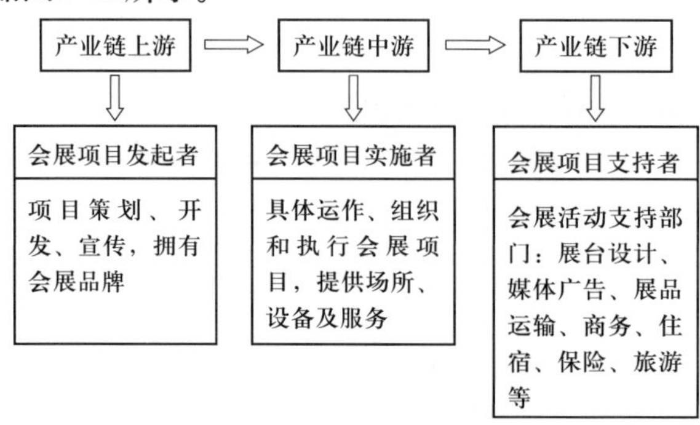


图1-25　会展行业产业链

## 任务一　认识不同的会展企业

### 任务描述

慕尼黑国际博览集团成立于1964年，是世界十大展览公司之一，每年在全球范围内举办近40个博览会，涉及多个行业领域，并在各个领域都拥有专业超群的品牌，包括工程机械、物流运输、环保科技、饮料酿造技术及房地产商务；消费品行业的体育休闲用品、高档消费品、时尚和化妆品；高科技产业的电子元器件、通信和电信、分析仪器和生命科学、材料和产品工程等。贸易和手工业类的展会则是该集团的另一亮点。每年有90多个国家的30000多家企业来到慕尼黑参展，观众遍及全球180多个国家和地区，总人数超过200万。

图1-26所示为慕尼黑国际博览集团的标志及展会现场。

a）标志

b）展会现场

图1-26　慕尼黑国际博览集团的标志及展会现场

作为标志性的会展公司，慕尼黑国际博览集团有着悠久的历史，它在很多基础工业领域展览的展出面积都是全球最大的。

想一想

1．慕尼黑国际博览集团在北京举办过哪些知名展会？

2．还有哪些企业属于会展企业？

3．不同类型会展企业的经营范围有哪些不同？

### 学习目标

1．能运用网络、电话、报纸杂志、宣传册等各种方式和途径收集会展企业信息，并按照要求进行分类。

2．能够说出不同类型的代表性会展企业。

3．能够分析会展企业不同的特点。

### 知识储备

在实施工作之前，你应该知道以下知识：

## 一、会展企业的含义

从广义上来说，可以把会展企业定义为参与各种会展活动的各个企业和单位，既包括与会展直接相关的经营企业，也包括与之间接相关或由其衍生出来的相关企业，如会展涉及的服务、交通、旅游、广告等诸多企业。

从狭义上看，会展企业是指会展的经营企业，主要包括会展的主办方、承办方和从事会展策划、组织、运行和服务的企业以及展馆等单位。

一般来讲，将一定时期内从事与会展活动相关的业务占总业务的比例作为衡量一个企业是否为会展企业的标准。如果一个企业在一定时期内从事与会展活动相关的业务比例达到或超过50%，就可以将其认定为会展企业。

## 二、会展企业的类型

### 1．会展公司

会展公司是专门为会议、活动、展览等提供活动策划、现场布置、设备租赁、设计施工、人员组织等一站式服务，并提供解决方案的专业化服务机构。

会展公司服务项目一般分为以下几类：

（1）活动策划：根据活动主题和内容进行策划，编写活动策划方案。

（2）现场布置：活动现场物料制作与安装。

（3）设备租赁：活动现场所需的视频设备、灯光音响设备安装调试。

（4）设计施工：各种平面设计、舞美设计，搭建施工。

（5）人员服务：摄影摄像、礼仪、速记、翻译等人员服务提供。

### 2．会展场馆

会展场馆是作为展出临时陈列品之用的公共建筑。按照展出内容的不同，会展场馆可分为综合性展览馆和专业性展览馆两类。专业性展览馆又可分为工业、农业、贸易、交通、科学技术、文化艺术等不同类型的展览馆。会展场馆服务项目一般分为以下几类：

（1）设计安装类服务，即对会展活动现场展位展台、开幕式现场等进行设计和施工安装的服务。

（2）运输仓储类服务，即为参展商提供展品场内运输以及展品包装物品储存的仓储服务。

（3）后勤保障类服务，即为保证会展活动的正常进行所提供的服务，如紧急医务救治服务、餐饮服务、保管服务、电信服务、银行汇兑服务等。

（4）安全保卫类服务，即为保证会展活动的正常开展，防止出现人员或物资安全事故所做的工作。

（5）物品租赁类服务，即为参展商或与会者提供展柜、衣架、桌椅、计算机、电视、花木等设备或物品租赁的服务。

### 3．展览设计施工公司

会展设计是指在会议、展览会、博览会活动中，利用空间环境，采用建造、工程、视觉传达等手段，借助展具设施等高科技产品，将所要传播的信息和内容呈现在公众面前，内容包括展台设计、空间布局设计、平面设计、照明道具设计以及相应的展馆设计等。会展设计是一种对观众的心理、思想和行为产生重大影响的创造性设计活动。

会展设计公司主要经营范围包括展览会展台的设计搭建，展厅、陈列室、大型广告牌的设计制作，卖场装修以及大型会议活动的执行和策划。

4．展览道具制作公司

展览道具制作公司主要经营范围包括展道具、电子产品、通信器材、五金家电、电动工具、日用百货、办公用品、计算机及配件销售、展览展示会务服务、企业营销策划、企业形象策划（除广告）、计算机图文设计制作（涉及许可经营的凭许可证经营）等。

5．会展物流公司

会展物流公司为会议、展览、展销、体育及其他各类活动提供物流服务。其服务内容是将展品等特殊商品及时准确地从参展商所在国（地）转移到参展目的地，展览结束后再将展品从展览地运回，包括展览前后的仓储、包装，国内运输，进出口报关和清关及ATA报关，国际运输，展览中的装卸、搬运以及在此过程中所需要的信息流动。

6．会展旅游公司

会展旅游公司包括各种酒店、旅馆、旅行社、目的地管理公司及娱乐场所等。其主要职责是为参展商和会展组织机构提供住宿、餐饮、娱乐、旅游等多项服务。

7．会展行业协会

会展行业协会既是会展企业的代言人，也是贯彻政府政策、执行政府政策的可靠助手。一个会展行业协会要真正发挥作用，应该具备四个特性：民间性、代表性、服务性和非营利性。其主要职责如下：

（1）制定行规，进行行业间的协调和管理。

（2）对会展活动进行资质评估。

（3）加强信息交流和调研，促进市场的透明度。

（4）进行专业人才培训，提高展会的组织水平和质量。

## 三、知名会展企业

图1-27为知名会展企业的Logo。

INTEX SHANGHAI CO LTD

图1-27　知名会展企业的Logo

## 任务实施

收集会展企业信息 ⇨ 筛选会展企业的关键信息 ⇨ 分析会展企业的类型和特点

### 步骤一：收集会展企业信息

1．请搜索图1-27中的10家会展企业信息，了解他们的服务项目和经营范围。

2．请收集北京市会展行业相关协会的信息。

**小提示**

可以以小组为单位，分别收集会展企业信息。

### 步骤二：筛选会展企业的关键信息

请根据你收集的会展企业信息，按照表1-13整理出关键内容。

表1-13　会展企业的关键信息

| 公司名称 | 资质 | 核心服务项目 | 主要工作内容 |
|---|---|---|---|
| | | | |
| | | | |
| | | | |
| | | | |
| | | | |
| | | | |
| | | | |
| | | | |
| | | | |
| | | | |

### 步骤三：分析会展企业的类型和特点

1．请按照你所收集的会展企业信息，判断这10家会展企业分别属于哪种类型，并分析它们的特点。

2．请根据你所收集的北京市会展行业相关协会的信息，分析会展行业协会的作用。

**小提示**

可以采用PPT介绍、提问等方法来展示学习成果。

## 学习评价

- 能熟练收集不同会展企业信息。
- 能按要求从会展企业各种信息中有针对性地、准确地筛选关键信息。

- 能根据企业的服务范围，准确分析会展企业的类型和特点。

## 任务小结

在本任务中，我们学习了以下内容：

1. 如何准确、快捷地收集会展企业信息。
2. 如何有针对性地筛选会展企业信息。
3. 如何正确理解会展企业的含义。
4. 如何根据信息来准确判断会展企业的类型。
5. 如何准确分析会展行业协会的作用。

## 检测与练习

一、填空

1. 广义的会展企业是指______________________________________________。
2. 狭义的会展企业是指______________________________________________。
3. 会展企业的类型包括__________、__________、__________、__________、__________、__________、__________。
4. 会展行业协会要真正发挥作用，应该具备的四个特性是__________、__________、__________、__________。
5. 会展场馆分为__________和__________。

二、判断

1. 会展涉及的广告企业属于狭义的会展企业。　（　　）
2. 如果一个企业在一定时期内从事与会展活动相关的业务比例达到或超过60%，就可以认定为会展企业。　（　　）
3. 展台设计是展览设计施工公司完成的。　（　　）
4. 国际展览的展品应由会展物流公司来完成报关手续。　（　　）
5. 会展行业协会的一项职责是对展览进行资质评估。　（　　）

## 任务拓展

1. 请收集英国励展博览集团的基本信息以及其在中国开展的知名展会业务信息。

2. 国内外会展企业盈利模式比较。

（1）德国模式——在产权国有的前提下，展馆与项目经营一体化。在产权国有的前提下，德国政府不直接参与展馆的日常经营，而是以长期租赁或委托经营的方式把经营权授让给大型国际展览公司。如杜塞尔多夫展览有限公司股权构成是：杜塞尔多夫市政府占

56.5%，杜塞尔多夫工业地区和北威州政府各占20%，工商总会和手工业协会各占1.75%。公司不仅经营场地出租及相关业务，而且具有自办展会职能。

优势：依靠国家资源，提供公共服务，经济上有保障。

劣势：过分依赖展馆出租，经营业务单一，盈亏平衡难实现。

（2）英国模式—— 在企业私有条件下，投资并购一体化。1999年，励展集团以3.6亿英镑收购了博闻集团欧洲公司。2000年，励展集团又投资伦敦Excel展览中心，成为股东之一，并收购了新加坡亚洲宇航设备展示中心50%的股权，成为目前世界上最大的展览公司。

优势：灵活应对各国家和地区商务形势的具体特点和种种变化。

劣势：无法预知国际市场风险。

（3）美国模式—— 在内需主导下，基于业态创新，实现综合经营。拉斯维加斯会展场馆集会议、展览、酒店等于一体，使完全不同的商业业态各得其所、相得益彰；同时提供展、会、节、事、演，食、宿、娱、购、游等“一站式”服务，满足客户的多方面需求。

优势：弥补展览运营空窗期，提高了会展场馆的综合效益。

劣势：综合经营管理复杂，外包公司素质难以保证。

（4）中国模式—— 大企业主导，基于产业链的多业态协同和大会展集群复合经营。例如成都会展旅游集团在借鉴美国模式的基础上，在建设和经营成都世纪城新国际会展中心的长期实践中，形成了会展业经营的成都模式：集展览、会议、节庆、赛事、演出以及酒店、餐饮、商购、娱乐、旅游、景区经营，乃至房地产开发、物业管理等多业态于一体，走出了一条基于产业链的多业态协同和大会展集群复合经营的道路，繁荣园区经济，引领城市发展。所谓大会展集群，包括展览业、会议业、节庆业、赛事业、演出业等大型活动产业，可归入文化创意产业。近年来，两三千人的企业会议已十分普遍，最大规模的会议突破6000人，形成了非政府组织万人会议的新景观。节庆、赛事、大型演出需要宽敞、安全、舒适、便捷且功能切换、分合自如的多功能会展场馆。园区综合体便于将大会展活动纳入其中，形成规模效应。所谓多业态协同，指的是基于会展产业链的多业态协同复合经营，即直接或间接服务于大会展产业的广告、公关、设计、搭建、咨询、租赁、餐饮、酒店、旅游、商购、休闲、娱乐、健身、阅读、艺术品收藏等产业，以及度假村、室内水上乐园、电影院、剧院、咖啡厅、图书馆，乃至房地产开发、物业管理等集中于园区综合体这一大型综合性文化消费场所，在统筹协调下实现协同化复合经营。

优势：走出了以展馆出租为单一盈利模式的困境，满足了大型城市活动的高品质场地需求，实现了园区综合体大会展集群产业链协同复合经营的突破。

劣势：淡化了单一商展的主业功能，大会展集群和产业链协同增加了经营难度。

## 任务二　认知会展企业组织结构

### 任务描述

组织是指由一群人组成的，为了达到一个共同的目标，通过人为的分工和职能的分化，运用不同层次的权力和职责，充分利用这一群人的人力资源和智力资源的团体。会展企业作为从事会展活动的组织，需要合理配置企业部门和相关人员，从而达到最高的效率。请了解会展企业的组织结构和部门设置。

图1-28是某会展公司的组织结构。

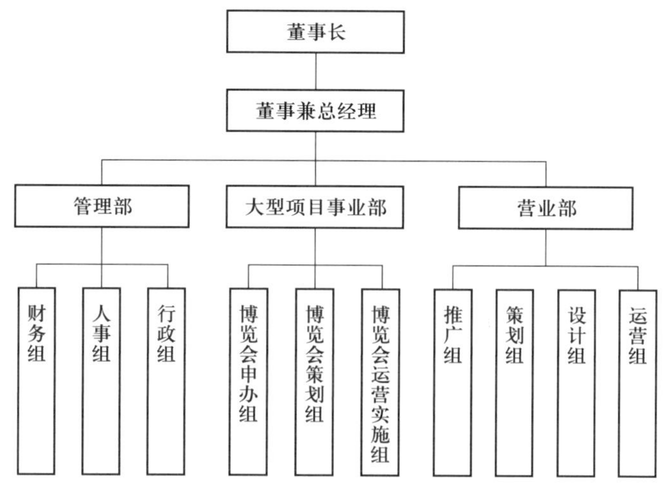


图1-28　某会展公司的组织结构

1．会展企业有哪几种常见的组织结构模型？各有什么作用？

2．与其他企业相比，会展企业的组织结构有什么特点？

3．如果你要创立一个会展企业，你准备怎样设计企业的组织结构？

## 学习目标

1．能说明会展企业组织结构的特点。

2．能说明会展企业组织结构的类型和作用。

3．能说明会展企业组织结构设计的原则。

## 知识储备

在实施工作之前，你应该知道以下知识：

### 一、企业组织结构的含义

企业组织结构作为组织内部各个职位、部门之间正式确定的、比较稳定的相互关系形式，包含以下三个方面的内容：

#### 1．单位、部门和岗位的设置

企业组织单位、部门和岗位的设置，不是把一个企业组织分成几个部分，而是企业作为一个服务于特定目标的组织，必须由几个相应的部分构成，就像人要走路就需要双脚一样。它不是由整体到部分进行分割，而是整体为了达到特定目标，必须有不同的部分。这种关系不能倒置。

2. 各个单位、部门和岗位的职责、权力的界定

这是对各个部分的目标功能作用的界定。如果某个构成部分没有不可或缺的目标功能，就像人的尾巴一样会萎缩消失。这种界定是一种有机体内部的分工。

3. 单位、部门和岗位之间关系的界定

这就是界定各个部分在发挥作用时，彼此如何协调、配合、补充、替代。

## 二、会展企业四种常见的组织结构

1. 直线型组织结构

直线型组织是一种比较简单和原始的组织结构形式，但又是最基本的组织结构形式。

直线型组织结构如图1-29所示，其特点是组织中的各种职务按垂直系统直线排列，各级主管人员对所属下级拥有直接的一切职权，组织中的每一个人只能向一个直接上级报告，从最高管理层到最低层管理，上下垂直领导，中间没有专门的参谋职能部门。这种类型的组织所具有的最大优点是结构比较简单，权力集中，责任分明，命令统一，联系简单快捷。其缺点是没有参谋，要求企业领导必须是全能式人物，在组织规模较大的情况下，所有的管理职能都由一个人承担，然而企业领导往往由于个人的知识及能力有限而感到难于应付，顾此失彼，可能会发生较多失误。一般而言，这种组织结构适用于小型的、业务单一的会展企业或会展现场作业管理。

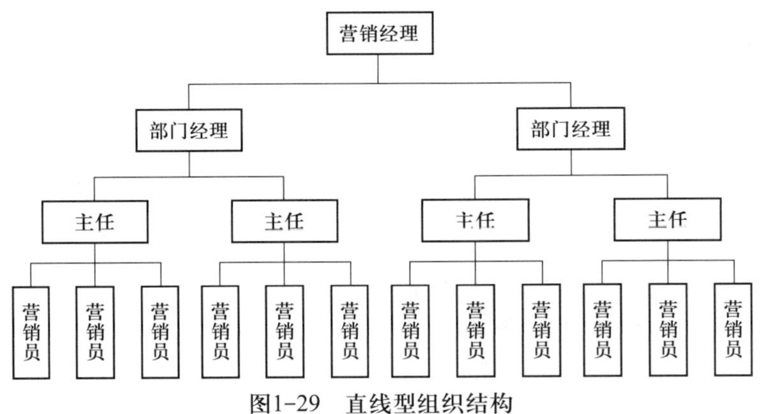


图1-29 直线型组织结构

2. 职能型组织结构

职能型组织最早是由“科学管理之父”泰勒提出来的，是一种通过对管理职能进行分类，然后根据不同的管理职能来设立一些相应的部门，共同承担管理工作的组织结构形式。职能型会展企业的组织结构如图1-30所示。

这种组织结构授予各职能部门一定的指挥和指导权，允许它们在自己的业务范围内向下级部门传达命令和指示。因此，下级直线主管除了接受上级直线主管的领导外，还须接受上级各职能机构的领导和指示。其优点是能够适应现代组织技术比较复杂和管理分工较细的特点，能够发挥职能机构的专业管理作用，减轻上层主管人员的负担。但其缺点也比较明显，那就是会常常出现多头指挥而使执行部门无所适从，不利于明确划分直线人员和职能部门的职责权限，容易造成管理的混乱。

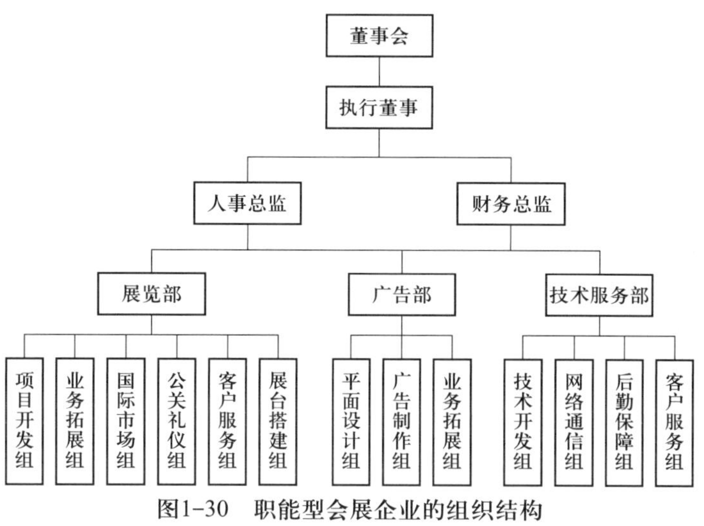

图1-30　职能型会展企业的组织结构

3．事业部制组织结构

当会展企业的项目增加、经营范围多元化时，职能型组织结构往往难以适应企业发展的需要，事业部制组织结构开始出现，如图1-31所示。

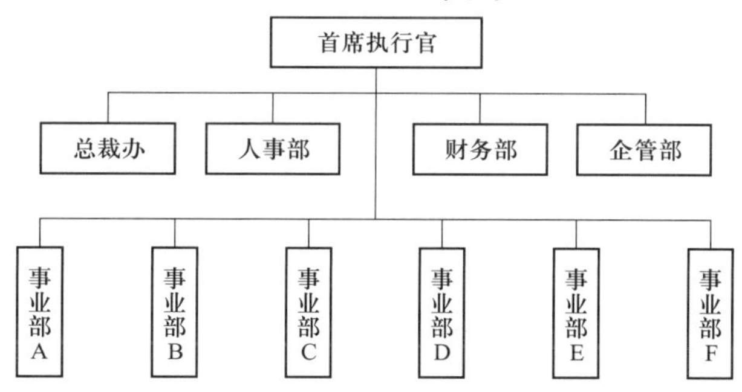

图1-31　事业部制组织结构

这种组织结构强调分权管理，是分权型的组织结构形式，为大型综合性会展公司所普遍采用，它体现的是“集中决策，分散经营”的指导思想。多产品、多项目经营有助于提高会展企业经营的稳定性，也有利于各部门进行专业化分工协作。但这种组织形式需要雇用更多的专业人才和员工，经营成本会有所增加，各事业部也可能因为过分强调本部门的利益而影响整个会展经营的统一指挥。因此，现代大型会展集团公司往往在事业部的基础上增加一个管理层，对联系较密切的事业部进行集中分管。

4．矩阵型组织结构

矩阵型组织也称“规划——目标”结构，这是一种较新的组织结构形式，它既保留了职能型组织的形式，又确立了按项目划分的横向领导系统，如图1-32所示。

| | 职能A | 职能B | 职能C |
|---|---|---|---|
| 项目部A | 员工 | 员工 | 员工 |
| 项目部B | 员工 | 员工 | 员工 |
| 项目部C | 员工 | 员工 | 员工 |
| 项目部D | 员工 | 员工 | 员工 |

图1-32　矩阵型组织结构

矩阵型组织结构适用于按会展主题类别进行项目划分的会展企业。不同主题的会展要求不同行业的专业人才来指导，这种专业指导往往比上下级间的统一更具实效性。这种组织结构中的成员具有灵活调配的特点，从而可以有效地避免人才的垄断和浪费，提高人才利用率。但这种组织结构也有缺点，即结构较复杂，且双重领导机制会使组织成员的职责模糊性增加，管理者的权威有时得不到保障。

## 三、企业组织结构设计

### 1．企业组织结构设计原则

企业组织结构设计的原则有：目标导向原则、分工协作原则、控制跨度原则、有效制约原则和动态适应原则。

### 2．会展企业组织结构设计的影响因素

通常而言，影响会展企业组织设计的相关因素主要有以下几个：

（1）企业发展阶段。企业从创立到衰落一般要经历五个阶段：创造期、指导期、授权期、配合期与合作期。在不同的发展阶段，企业的组织结构也具有不同的特征。在创造期，企业主要集中精力于开发产品与市场，企业规模不大，组织结构简单；在指导期，企业开始划分职能部门，但这一时期企业组织结构的设计倾向于集权；在授权期，企业意识到分权的重要性，分权产生；在配合期，分权与集权矛盾的解决需要中间机构来协调，故增设监督协调部门；在合作期，主要存在下层员工参与上层决议的问题，分权与集权得到成功控制。

（2）组织技术。组织技术是指组织能够把输入资源转化为产出的整个过程中的信息决策和沟通系统、机器设备、工艺及流程的总和。简而言之，组织技术就是组织把输入转化为产出的整个过程中的技术。技术对组织结构影响最明显的是小企业，对大企业来说，最下层组织所受的影响较大。所以，会展企业组织设计更需要考虑技术的影响，以求所设计的组织结构具有现代化特征和现代适应能力。组织技术的复杂程度越高，组织结构的纵向差异（即纵向管理层次）也就越大，管理人员与具体作业人员之间的比例也会随之增加。如技术型会展要求组展企业具备相应的技术知识，这些技术知识需要相应的研发技术部门来完成。在现代技术进步条件下，组织的结构在总体上出现了新的特征，比如，组织技术的发展使组织横向的专业化和部门化的差异缩小了，使管理自动化的程度和管理规范化、标准化的程度提高了，管理宽度也增加了。

（3）外部环境。企业所处的外部环境包括区域会展业发展水平、政府扶持力度、城市综合环境等诸多因素，总体来说可以分为三大类：安定的、变化的和动荡的。安定环境下，会展企业的目标顾客消费偏好相对固定，很少有新技术突破，企业组织结构相对固定，分工严密，权责分明，强调集权与控制，弹性变化小；变化环境下，市场需求、竞争战略、广告宣传等发生改变时，由于这些改变有一定的持续性，企业组织结构的设计稍加灵活即可；动荡环境是指未能预期和预测到变动而形成的环境，如新竞争对手的出现、新竞争战略、新技术的突破等，动荡环境具有不确定性和非经常性。若组织的任务经常变动，则专业化分工不能太细，职员所承担的任务应有一定的宽度。

（4）组织规模。组织规模对组织结构的影响是显而易见的。会展企业人员的数量在某种意义上对组织结构的影响是决定性的。在组织发展的不同阶段，组织规模的影响有所

第一单元

不同。与一般企业类似，会展企业的发展也有一个生命周期，在不同的发展阶段，会展企业的组织结构会发生重大变化。在初创期，企业把主要精力集中于开发产品与市场，企业规模不大，组织结构相对简单；在成长期，伴随着企业的成长，开始划分职能部门，能干的领导者试图集权力于一身；在成熟期，成功的企业开始意识到仅有集权而无分权，不能获得更大的成功，于是分权开始产生。一般来说，组织人员的数量越多，即组织的规模越大，组织的标准化程度和规章制度的健全程度也就应当越高，专业化分工也就应当越细，分权化的程度也就应当越大。也就是说，组织的规模与组织的专业化、规范化成正相关关系，而与集权成负相关关系。

（5）企业战略。战略是指特定环境下决策活动中的指导思想以及在这种思想指导下做出的关系到全局发展的重大谋略，它一般由经营优势分析、最终目标选择以及达到目标所采取的战略行动组成。企业在发展，如进入新的地区，发挥新的职能等，从而企业的战略也在发展。因此企业的组织结构也要随之进行调整，以适应经营管理的需要。否则，企业就会变得没有效率。由于战略决定了企业的任务，故而能从根本上影响企业的组织结构设计。

## 任务实施

收集会展企业组织结构信息 → 分析会展企业的组织结构类型 → 设计会展企业的组织结构

### 步骤一：收集会展企业组织结构信息

1．请登录互联网，收集4个会展企业的组织结构信息。

**小提示**

可以登录武汉国际会展中心、北京雅孚展览展示有限公司、青岛海名国际会展有限公司的官方网站，查询它们的组织结构。

2．请按照图1-31，整理出4个会展企业的组织结构图。

### 步骤二：分析会展企业的组织结构类型

请根据你整理的会展企业组织结构图，按照表1-14分析这些企业的组织结构类型。

表1-14　会展企业的组织结构类型

| 公 司 名 称 | 核心服务项目 | 组织结构类型 |
|---|---|---|
| | | |
| | | |
| | | |
| | | |

### 步骤三：设计会展企业的组织结构

1．请根据以下信息，为企业设计组织结构。

上海格博会展服务有限公司承办中东地区展会具有独到的专业优势，凭借雄厚的人才实力和办展经验，依托强大的网络信息资源和CRM服务体系，为中国企业提供一整套完善的在线出展计划，是中国企业开拓中东市场的最佳交流平台。该公司主要围绕中东地区开展集展览组织与服务、商务考察、市场调研、投资咨询、贸易服务等多项业务，与专为中国企业提供落地服务的迪拜MIE集团投资顾问展览公司合作已有近10年的历史，曾先后为相关政府单位及数千家中国企业前往中东地区参加商贸活动提供全方位的优质服务；同时也积极引导中东采购商前往中国进行商务考察和贸易配对。目前已在上海、北京设立了专营中东展览推广业务的子公司。

可以设置市场部、企划部、设计部、制作部等业务部门。包括展览展示、会议服务、庆典礼仪、翻译服务、器材租赁等内容，可以拥有自己的专业设计队伍及加工工厂。

2．如果你是一家会展公司的老板，手下有12名员工，你可以采用什么样的管理模式？当你手下有100名员工时，又会怎样管理呢？

可以采用PPT介绍、提问等方法来展示学习成果。

## 学习评价

- 能熟练收集不同会展企业的组织结构信息。
- 能按要求从会展企业信息中整理企业组织结构图。
- 能根据企业的人员情况和服务范围，合理设计企业组织结构。

## 任务小结

在本任务中，我们学习了以下内容：

1．如何准确、快捷地收集会展企业的组织结构信息。

2．如何有针对性地从会展企业信息中整理企业组织结构图。

3．如何正确理解会展企业组织结构的含义。

4．如何根据信息来合理设计企业组织结构。

## 检测与练习

一、填空

1．企业组织结构包括__________、__________、__________三个方面的内容。

2．会展企业四种常见的组织结构有____________、____________、____________、__________。

3．会展企业组织结构设计原则有__________、__________、__________、__________、__________。

4．会展企业组织结构设计的影响因素有__________、__________、__________、__________、__________。

二、判断

1．企业组织单位、部门和岗位的设置，就是把一个企业组织分成几个部分。（　　）

2．矩阵型组织也称“规划——目标”结构，这是一种较新的组织结构形式。（　　）

3．直线型组织结构是最基本的组织结构形式。（　　）

4．矩阵型组织结构强调分权管理。（　　）

5．组织的规模与组织的专业化、规范化成正相关关系，与集权度成负相关关系。（　　）

## 任务拓展

虚拟会展企业组织结构

虚拟会展企业的建立意味着会展经营管理模式的改变，也意味着组织结构的改变，建立虚拟会展企业组织结构是虚拟会展企业有效运转的前提条件。从根本上讲，虚拟会展企业组织结构应是三层组织结构，即由虚拟会展企业核心层、职能层和辅助层构成。

其中，核心层由实体会展企业组建，是整个虚拟会展企业组织的核心，与职能层企业和辅助层企业联系紧密，这种紧密的联系依靠一个有效运转的协调委员会（Alliance Steering Committee，简称ASC）或类似机构运行，该机构因会展项目的产生而产生，因会展项目的结束而自行解散。虚拟会展企业组织的职能层由直接为会展项目本身提供服务的各类实体企业组成，如场馆公司、营销公司、物流公司等，主要行使会展的场馆职能、会展的物流职能、现场服务职能、整体营销职能、广告宣传职能、会展后期评价职能等。职能层企业是会展价值链上必不可少的组成部分，职能层企业直接增加了会展的客户价值。虚拟会展企业组织的辅助层企业不直接为会展本身提供服务，并非会展价值链上的必要组件，它们只是会展服务的配套或延伸。

# 项目三　了解会展行业

会展企业是会展行业的核心组成部分和中坚力量。而会展行业是一个新兴的服务行业，其地位和作用日益凸显。会展行业涉及工业、农业、商贸等诸多产业，对开拓市场、促进消费、加强合作交流、扩大产品出口、推动经济快速、持续、健康地发展等具有重要作用。

本项目是认识会展的最后一步——了解会展行业。

## 项目介绍

你已经从微观和中观的角度，了解了会展活动的含义，对会展企业也有了一定的认识。现在，你将尝试从宏观的角度，来了解整个会展行业的发展，从而把握未来的发展趋势，为以后真正进入会展行业开阔眼界和思路。

在本项目中，你将结合不同的会展活动和会展企业的发展现状和趋势，了解会展行业的发展现状和发展趋势。

本项目共分为两个任务：

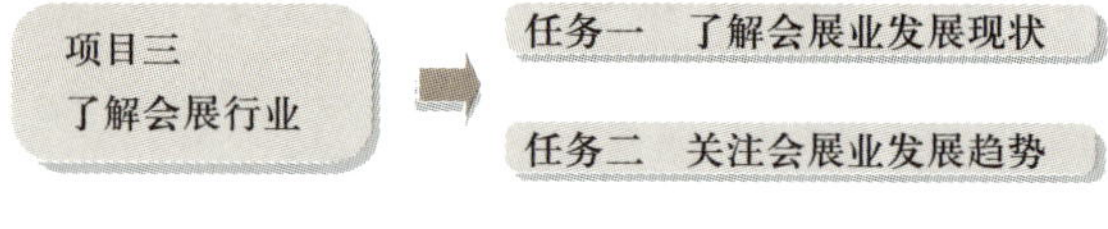

## 背景知识

### 一、2013年中国会展业统计

根据亚太会展研究院发布的《2014年中国会展业统计数据分析报告》，2014年全国共举办展览7851场，比2013年增加0.5%；展出面积为10344万$m^2$，比2013年增长13.7%；50人以上专业会议76.5万场，比2013年增加5.4%；万人以上节庆活动6.1万场，比2013年减少11.6%；出国境展览面积64.74万$m^2$，比2013年减少7.2%；提供社会就业岗位1960万人次，比2013年增长0.5%；直接产值3796亿元人民币，比2013年增长5.8%，占全国国内生产总值的0.67%，占全国第三产业产值的1.45%，拉动效应3.4万亿元人民币，比2013年增长6.3%。

从展会的类型分析，经贸类的占67%，同比2013年增加1%；消费类的22%，同比2013年下降2%；文化及其他展示类的11%，同比2013年增加1%。从组展商分析，国有、集体、股份、联营等占26%，同比2013年下降3%；民营及其他内资企业占30%，同比2013年上升4%；港澳及外商投资企业占5%；行业商（协）会占28%，同比2013年上升2%；政府或事业单位占11%，同比2013年下降3%。

### 二、2014年规模以上展会中国十大城市排行

根据中国会展杂志社、中国会展研究中心编制的《中国规模以上展览机构调研分析报告》，2014年度规模以上（3万$m^2$及以上）展会共630个。按数量统计，排在前十位的城市分别是：上海106个，广州61个，北京47个，深圳27个，重庆25个，青岛22个，成都21个，天津20个，郑州18个，西安17个。

按面积统计，排位前十的城市分别是：上海881.59万$m^2$，广州780.12万$m^2$，北京328.31万$m^2$，重庆193.28万$m^2$，深圳175.26万$m^2$，成都144.65万$m^2$，天津141.22万$m^2$，沈阳115.22万$m^2$，郑州110.4万$m^2$，青岛106.96万$m^2$。

2014年度的630个规模以上展会中，按数量统计的城市分布如图1-33所示。

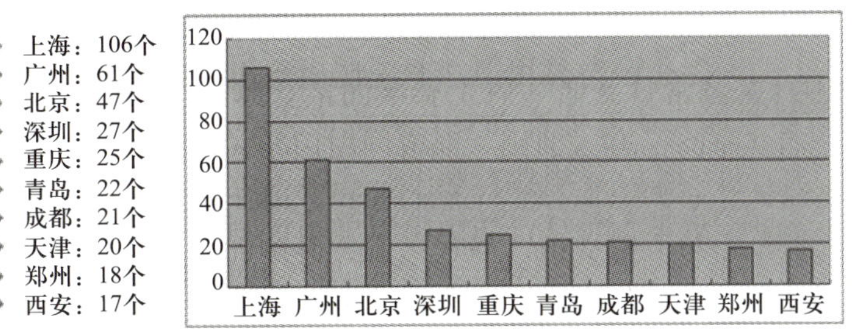


图1-33　规模以上展会数量城市前十名

## 任务一　了解会展业发展现状

### 任务描述

按照《北京市“十二五”时期会展业发展规划》的要求，“十二五”时期北京将努力打造“国际活动聚集之都、世界高端企业总部聚集之都、世界高端人才聚集之都、中国特色社会主义先进文化之都、和谐宜居之都”，而会展业自身所具有的经济辐射功能、政治传播功能、文化教育功能、信息传递功能、宣传营销功能使其成为北京迈向中国特色世界城市目标的一个重要推手；“亚洲会展之都”建设目标的确立，为北京会展业的整体提升指明了方向，北京市会展业迎来了前所未有的重要战略机遇期和新的快速增长期。应该说，经过多年的商业化运行，北京的会展业在不断向国际化、规范化的方向前进。目前，北京会展业独具特色，发展势头良好。

北京作为中国重要的会展城市之一，其会展业的发展在某种程度上代表了中国会展业发展的现状。请结合“十二五”期间北京市会展业的主要发展指标，了解中国会展业的发展现状。

“十二五”期间北京市会展业的主要发展指标见表1-15。

表1-15　“十二五”期间北京市会展业的主要发展指标

| 年　份 | 2011年 | 2012年 | 2013年 | 2014年 | 2015年 |
|---|---|---|---|---|---|
| 会展收入/亿元 | 167～179 | 194～215 | 225～258 | 261～310 | 303～372 |
| 会议收入/亿元 | 98～101 | 113～119 | 131～141 | 152～166 | 177～196 |
| 展览收入/亿元 | 69～78 | 81～96 | 94～117 | 109～144 | 126～176 |

注：“十二五”期间北京市会展业收入年均增速为16%～20%。“十一五”时期展览业收入年均增长略高于会议业，“十二五”期间按展览业增速高于会议业增速（16%～18%）预测。

1. “十二五”期间北京市会展业主要发展指标说明了什么？
2. 世界会展强国是哪些国家？它们各有什么特点？
3. 中国会展业的发展有什么特点？还存在哪些问题？

## 学习目标

1．能运用网络、会展年度报告、会展业调研报告等各种方式和途径收集会展业的发展信息。

2．能够说明会展业发展的主要特点。

3．能够分析会展业发展中存在的问题。

## 知识储备

在实施工作之前，你应该知道以下知识：

### 一、世界会展强国

1．头号会展强国——德国

德国是世界头号会展强国，有“世界展览王国”的美誉，其展览会数量最多、规模最大、效益好、实力强。全球最大的四个展览中心有三个在德国。世界前10家营业额最大的展览公司中有5家位于德国。

每年，德国举办的国际性贸易展览会有130多个，参展商17万家，其中有近一半的参展商来自国外。在展览设施方面，现拥有23个大型展览中心，其中，面积超过10万$m^2$的展览中心就有8个，目前，德国展览总面积达240万$m^2$，现代化的会展中心及与其相配套的技术设施，加上发达的交通网络和德国所处欧洲中心的地理位置，为展览会的成功举办创造了良好的条件。 因此，其知名度高，吸引力强。世界著名的国际性、专业性贸易展览会中，约有2/3在德国举办。

德国知名的展会包括：法兰克福国际汽车展、汉诺威国际信息及通信技术博览会（CeBIT）、法兰克福消费品博览会、科隆五金展、柏林国际旅游博览会、慕尼黑国际建筑机械博览会、莱比锡博览会、纽伦堡国际玩具博览会等。

德国知名的会展城市有柏林、杜塞尔多夫、法兰克福、汉堡、汉诺威、科隆、莱比锡、慕尼黑、纽伦堡和斯图加特。

2．欧洲会展列强——法国、英国及意大利

法国每年约举办1400个展览会（包括只允许专业人员入场的专业展和允许社会公众入场的大众性展会两种）和100个博览会（是指以社会公众为观众的多种行业参加的展览会）。其中，全国性内展和国际展约为175个，而真正的专业展只有120个左右。巴黎是法国展览业的中心城市，其展会参观人数占全国参观人数的70%（专业展和社会公众展混合计算），在专业展参观人数中占80%。除了巴黎，法国知名的会展城市还有里昂、波尔多、里尔等。知名的展会有法国巴黎汽车工业展、国际食品博览会、葡萄酒博览会、巴黎航空航天展、建材展、包装展等。

英国展览业历史悠久，长期以来一直走在世界展览业的前列，全球知名的大型展览公司有很多将总部设在英国，如励展博览集团、蒙格马利展览集团等。英国知名的会展城市有伦敦、伯明翰、曼彻斯特、爱丁堡。知名的展会则有伦敦国际船展、英国国际航空博览会等。

意大利有40多个展场，每年办展700多个，是欧洲办展最多的国家。著名的米兰国际展览中心，面积达65万$m^2$，有38个展馆，是世界三大展场之一。为在竞争中立于不败之地，米兰国际展览公司对17万$m^2$的老馆做了大修，投资2600亿里拉兴建的20万$m^2$新馆，有10.4万$m^2$和3万$m^2$的屋顶和地面停车场。意大利的知名会展城市有米兰、博洛尼亚、巴里、维罗纳，知名展会有国际建筑陶瓷卫浴设备展等。

3．北美会展新贵——美国、加拿大

北美的美国和加拿大是世界会展业的后起之秀，每年举办的展览会近万个。其中，美国每年举办净展出面积超过500$m^2$的展览会约4000个，展出总面积达4000多万$m^2$，参展商有100多万家，观众超过7000万人。

美国的知名会展城市有奥兰多、纽约、亚特兰大、拉斯维加斯、达拉斯等。加拿大的主要会展城市则是多伦多、蒙特利尔。北美的知名展会包括：芝加哥的五金展，电子消费品展，拉斯维加斯国际礼品及消费品博览会，美国安全及劳保用品展，拉斯维加斯国际服装及面料、家纺展览会，国际礼品及消费品博览会，蒙特利尔国际食品饮料展览会。

4．亚洲会展新秀——日本、新加坡

日本凭借其发达的基础设施、较高的服务水平以及较高的国际开放度，使其会展业迅速发展，成为亚洲会展大国。日本会展业由政府、行业协会和企业所组成。政府部门负责会展业管理的主要是日本贸易振兴会（JETRO）和日本观光振兴会。其中，日本贸易振兴会还专门设置了会展部。与会展有关的协会有日本大型活动振兴会和日本展示会协会（英文简称JEXA，日文简称日展协）。与会议有关的协会有日本专业会议主办商协会和日本会议营运事业者协议会，专门负责会议的运作。日本每年大约举办展览600个，参展商有7000家以上，标准展位数近15万个，观众人数达2000万。日本知名的展会城市是东京、大阪、爱知。知名的展会有：日本东京国际服装展览会，日本国际文具、办公用品暨办公机器展览会，日本东京国际礼品展览会、日本国际食品及饮料展览会、日本国际汽车展等。

新加坡会展业起步于20世纪70年代中期，具有发达的交通通信等基础设施、较高的国际开放度和英语普及度，这些都是发展会展业的有利条件，因此，新加坡成为亚洲重要的会展举办城市。每年新加坡举办的展览会和会议等大型活动达到3200多个。新加坡政府对会展业十分重视，新加坡会议展览局和新加坡贸易发展局专门负责对会展业进行推广。2000年，新加坡被UIA评为世界第五大会展城市。在新加坡，已主办过许多具有国际声望的世界级会展活动，如亚太航空展，世界贸易组织总理会议，第90届弗伦社国际会议，福布斯全球总裁会议，国际纺织机械亚洲展，世界经济论坛——东亚经济峰会，以及举办多年的亚洲国际通信科技展览会，亚洲国际食品饮料、酒店餐饮设备展览会，新加坡国际家具展等。

## 二、中国会展业的规模与效益

我国会展业一直保持着良好的发展势头。产业规模不断扩大，经济效益明显好转；专业化、国际化、市场化程度进一步提高；标准体系、行业组织建设取得突破性进展；会展设施建设速度加快，大型化趋势更加明显；会展就业人数持续攀升，会展业对经济的带动作用不断增强。根据商务部相关统计和中国会展经济研究会行业调查，结合部分省市典型资料分析，2013年，我国会展产业发展呈现以下特征：

1．境内展览规模不断扩大，经济效益明显好转

据商务部会展业典型企业调查统计，2013年，全国共举办各类展览7319场，同比增长1.8%；展出面积达9391万$m^2$，同比增长4.5%，展览面积增长快于展览项目增长，单位项目规模扩大，展览效益良好。

图1-34所示为2008—2013年我国展览会数量及展出面积情况。

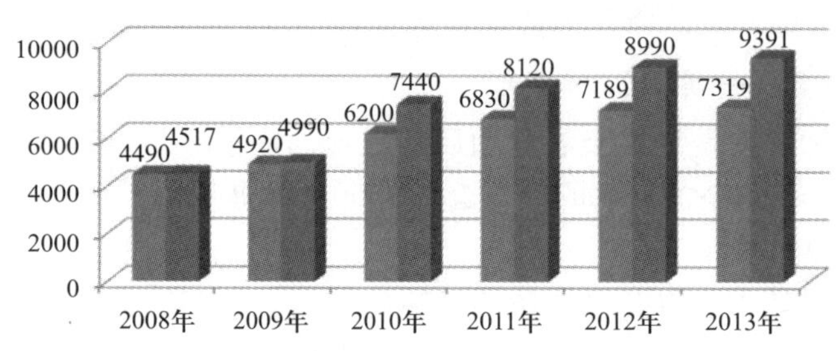


图1-34　2008—2013年我国展览会数量及展出面积情况

据测算，2013年我国会展经济直接产值达3870亿元人民币，较2012年增长10.6%，约占全国国内生产总值的0.68%，与2012年基本持平；占全国第三产业增加值的1.5%，与2012年基本持平。会展企业经济效益明显好转，三项费用指标（管理费用、财务费用和销售费用）较2012年下降13.3%，亏损面大幅减少，盈利面大幅提升。

2．出国展览市场稳定，新兴国家市场表现活跃

据贸促会（全称为中国国际贸易促进委员会）统计，2013年，全国102家组展单位共赴75个国家实施经贸展览会计划1492项，比2012年减少2.4%，其中，参加国际博览会1422项，占实施总量的95.3%，单独举办展览会70项，占实施总量的4.7%；全年出展项目净展出面积达64.74万$m^2$，比2012年减少7.2%。参展企业约4.7万家，与2012年持平。

表1-16中所列内容为2009—2013年全国出国办展项目统计情况。

表1-16　2009—2013年全国出国办展项目统计情况

| 年　份 | 项　目　数 | 年增长率（%） | 展出面积/万$m^2$ | 年增长率（%） | 参展企业数 | 年增长率（%） |
|---|---|---|---|---|---|---|
| 2009 | 1183 | 7.3 | 42.64 | 16.5 | 30185 | 4.7 |
| 2010 | 1316 | 11.2 | 51.75 | 21.4 | 36007 | 19.3 |
| 2011 | 1375 | 4.5 | 60.50 | 17.0 | 40190 | 12 |
| 2012 | 1528 | 11.1 | 69.73 | 15.3 | 47376 | 17.9 |
| 2013 | 1492 | –2.4 | 64.74 | –0.7 | 47494 | 0.2 |

2013年，虽然欧美仍是我国出国办展的主要目标市场，但新兴国家市场表现更加活跃。出展项目数排名前10位的目的地国家分别为德国、美国、俄罗斯、巴西、阿联酋、印度、南非、土耳其、墨西哥和法国，其中，新兴国家有7个，其展览项目数占全年总量的39%，参展总面积占全年总量的33.3%，参展企业数占全年总量的35.9%。

3．会展设施建设方兴未艾，大型化趋势明显

会展业显著的经济社会效益使越来越多的地方政府对其予以高度重视，各地竞相投资建设会展场馆设施。截至2012年年底，全国已拥有5000$m^2$以上会展场馆316个，可供展览面积达1237万$m^2$。2013年，全国在建会展场馆13个，面积达154.49万$m^2$。这些在建会展场

馆全部建成后，全国会展场馆总数将达到329个，可供展览面积将达到1391.49万$m^2$。单体会展设施大型化趋势明显，在建、待建场馆单个平均面积均超过10万$m^2$，上海国家会展中心和天津国家会展中心室内展览面积更是高达40万$m^2$。

4．会展就业人数持续攀升，会展拉动作用日益凸显

据统计，2013年，会展行业带动就业人数比2012年增长30.7%。会展行业带动就业效果显著，综合拉动效应日益凸显。

## 三、中国会展业区域及分布

统计发现，我国会展业发展不平衡现象依然存在，沿海与内地、东部与中西部发展差距仍然较大。根据会展场馆、会展企业、会展业绩等综合指标衡量，北京、上海、广州三大会展中心城市优势明显，重庆、南京、深圳、成都、杭州等城市发展加快，其他一些中西部城市发展则需假以时日。综观区域分布，我国会展区域格局表现为：北京、上海、广州为前三甲，引领全国发展；东部、中部、西部分布不均，东部地区主导地位明显；展会举办相对集中，70%以上展会聚集在十个会展强省（市），全国3/4的展会集中在24个主要城市。

2013年，北京、上海、广州共举办展览会1696场，较2012年增长5%，占全国展会项目总数的23%；展览面积达到2584万$m^2$，比2012年增加3%，占全国展览总面积的27.5%，详见表1-17。

表1-17　2013年北京、上海、广州举办展览情况

| 项目＼城市 | 北　京 | 上　海 | 广　州 |
|---|---|---|---|
| 展览会数量/场 | 418 | 798 | 480 |
| 展览面积/万$m^2$ | 552 | 1201 | 831 |

按地区划分，2013年，我国东部地区的12个省、自治区、直辖市（辽宁、北京、天津、河北、山东、江苏、上海、浙江、福建、广东、广西、海南）共办展5034场，占全国总数的69%，展出面积达6594.02万$m^2$，占全国总展出面积的70%；中部地区的9个省、自治区（山西、内蒙古、吉林、黑龙江、安徽、江西、河南、湖北、湖南）共举办展览1083个，展出面积达1456.51万$m^2$，分别占比15%和16%；西部地区共办展1201个，展出面积为1341.38万$m^2$，分别占比16%和14%。西部地区的10个省、自治区、直辖市（陕西、甘肃、青海、宁夏、新疆、四川、重庆、云南、贵州、西藏）发展速度加快，展会项目总数超过中部地区，但展出面积仍然落后于中部地区；东部地区主导地位依然明显。

按省（自治区、直辖市）级行政区划分析，2013年展览活动项目数量位居前十位的依次是上海市798场、江苏省770场、广东省702场、重庆市581场、辽宁省527场、山东省504场、浙江省501场、北京市418场、河北省273场、河南省252场。这十个省区的展览项目数量和展出面积均占全国展会总量和总面积的72%。

按城市排序，2013年办展数量超过80场的城市共24个，其中，超过400场的城市有4个，分别是上海、重庆、广州、北京；300～400场的城市有1个，为南京；200～299场的城市有3个，分别是沈阳、杭州、天津；150～199场的城市有6个，分别是郑州、厦门、西安、合肥、成都、长沙；100～149场的城市有6个，分别是苏州、济南、青岛、武汉、长

春、大连；80～99场的城市有4个，分别是贵阳、深圳、石家庄、宁波。24个城市共举办展览5415场，占全国办展总数的73.99%，接近全国展会总数的3/4。

办展面积超过100万$m^2$的城市有24个，其中超过500万$m^2$的城市有4个，分别是上海、广州、北京、重庆；300万～400万$m^2$的城市有2个，分别是南京和成都；200万～299万$m^2$的城市有5个，分别为深圳、杭州、沈阳、西安、长春；100万～199万$m^2$的城市有13个，分别是济南、武汉、哈尔滨、郑州、长沙、苏州、青岛、天津、合肥、厦门、大连、宁波、东莞，24个城市办展总面积达到7064万$m^2$，占全国办展总面积的75.22%。

## 四、会展业存在的问题

### 1．宏观管理体系不健全

长期以来，各类展会活动仅被视为经济贸易发展和科技文化交流的促进平台，而未作为一个独立的行业来进行管理。截至目前，我国尚未形成统筹协调的会展业管理体制，也没有明确会展业管理的牵头部门。在实际工作中，我国对展会实行分类管理和分级管理相结合的办法，即由各级商务、科技、文化、教育等多部门及中国贸促会分别对经贸、科技、文化、教育等领域的展会进行审批，工商、公安、消防、城管等多个部门从各自职能角度参与事中监管。各部门间缺乏必要的沟通和协调机制，政策把握和审批标准也不尽一致，政出多门，批、管脱节；中央、地方会展业发展目标、重点和政策措施缺乏有效的宏观指导和协调，一些地方会展场馆建设超过实际需要，场馆利用率不高，部分场馆闲置现象严重；不少地方出台政策鼓励办展机构到当地办展，在一定程度上造成了会展资源的非良性竞争。

### 2．法律法规不配套

现行会展业管理的规范性文件多形成于20世纪末、21世纪初，由于年限太久、机构更迭太多，不少地方和单位的监管职能流失严重，疏于管理情况普遍，同时因政出多门、多头管理、职能交叉、监管缺失的现象并存。会展业法律法规建设滞后于市场发展实际，政府部门进行行业管理和市场监管无法可依，导致部分展会重招展轻招商，重创收轻服务，扰乱市场秩序、侵害展商观众的事件时有发生。

### 3．税收政策不到位

一些地方政府对当地展览业发展予以政策支持，但由于缺乏统一的政策指导，地方政策大多局限于对展会的财政资金补贴，对行业的支持针对性不强。会展被纳入营改增税制改革试点后，由于税改不同步，展览场馆租赁等费用因无法获得可抵扣增值税的发票而无法抵扣，企业实际税负增加，业界反映较为强烈。

### 4．市场培育不成熟

我国办展机构多元化明显，一些展会，尤其是政府部门和行业协会主办的展会仍然采取组委会运作制度，没有实行真正的企业化经营；行业标准缺失，准入门槛较低，监管力度不够，竞争秩序较差；至今尚未建立全国行业中介组织，行业协调自律程度较低。

### 5．国际竞争力不突出

我国展览业总体处于粗放型发展阶段，多数展览企业规模较小，主营业务不突出，缺乏明确的市场定位和发展思路。同时，行业内专业化分工协作尚未形成，行业配套服务相对滞后。虽然我国展会数量、展馆面积已居世界前列，但具有较强国际竞争力的品牌展会不多，核心竞争力不强。

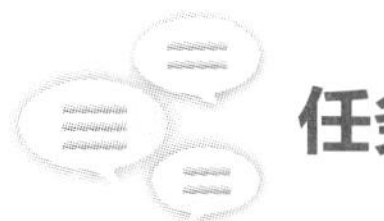

## 任务实施

收集会展行业信息 ⇨ 分析会展行业发展的特点 ⇨ 分析会展行业发展的问题

### 步骤一：收集会展行业信息

请收集2013年和2014年中国会展业发展的相关数据。

可以以小组为单位，分别收集不同年份的中国会展业和北京会展业数据。

### 步骤二：分析会展行业发展的特点

1．请根据你收集的会展行业数据，按照表1-18整理2013年和2014年会展业发展的重要数据。

表1-18　2013年和2014年会展业发展的重要数据

| 年　份 | 展览数量 | 展览面积 | 展览馆数量 | 展览馆面积 | 会议数量 | 会展产值 |
| --- | --- | --- | --- | --- | --- | --- |
| | | | | | | |
| | | | | | | |

2．请根据以上表格中的内容，分析中国会展业发展的新变化和特点。

### 步骤三：分析会展行业发展的问题

1．请根据你所收集的数据，分析中国会展业发展中的问题和制约。

2．请根据你的理解，试着提出解决这些问题的建议。

可以采用PPT介绍、提问等方法来展示学习成果。

## 学习评价

- 能熟练收集某一年度中国会展行业数据和信息。
- 能按要求从会展行业各种数据中有针对性地、准确地筛选关键数据。
- 能根据会展行业数据，准确分析会展行业的特点和问题。

## 任务小结

在本任务中，我们学习了以下内容：

1．如何准确、快捷地收集会展行业数据。

2．如何有针对性地筛选会展行业数据。

3．如何根据数据准确分析会展行业的特点和问题。

## 检测与练习

一、填空

1．头号会展强国是__________。

2．CeBIT的全称是__________。

3．法国展览业的中心城市是__________。

4．意大利的__________是世界三大展场之一。

5．日本政府部门负责会展业管理的主要是__________和__________。

二、判断

1．有“世界展览王国”美誉的国家是美国。（　　）

2．全球最大的四个展览中心，有三个在德国。（　　）

3．新加坡会议展览局专门负责对会展业进行推广。（　　）

4．我国会展业发展不平衡现象依然存在，沿海与内地、东部与中西部发展差距仍然较大。（　　）

5．全国3/4的展会集中在23个主要城市。（　　）

## 任务拓展

1．请收集2013年和2014年北京会展业的相关数据，并进行比较，分析北京会展业发展的特点和问题。

2．了解中国五大会展经济带。

当前，我国出现了南部、北部、东部、东北部、中西部五大“会展经济带”。

南部会展经济带，即以广州为中心的“珠江三角洲会展经济带”，包括深圳、东莞、佛山、珠海、中山等城市。其会展业国际化和现代化程度高，会展产业结构特色突出，会展地域及产业分布密集。随着泛珠三角区域经济合作的开展以及CEPA（Closer Economic Partnership Arrangement，《关于建立更紧密经贸关系的安排》）的实施以及港澳与内地经济往来的日益密切，以广交会为龙头，珠三角会展业的发展空间十分广阔，前景十分光明。

北部会展经济带，即以北京为中心的“环渤海会展经济带”，包括北京、天津、廊坊等城市。其会展业发展早、规模大、数量多，专业化、国际化程度高，门类齐全，知名品牌展会集中，辐射广。在北京的会展业中，由原中央政府部门转化出来的全国性专业行业、协会成为办展主力是北京会展业的另一特点，使北京会展业的辐射和带动作用十分突出。另外，根据《推进京津冀市场一体化建设行动方案》，北京、天津、河北将建立京津冀会展业协调工作机制，加强沟通联系，开展合作交流，支持京交会、津洽会、廊洽会等代表性展会的举办，并建立三地会展信息资源共享平台。京津冀会展业迎来发展黄金期。

东部会展经济带，即以上海为中心的“长江三角洲会展经济带”，包括上海、浙江、江苏等省市。该会展经济带起点高，政府支持力度大，规划布局合理，贸易色彩浓厚，受区位优势、产业结构影响大，发展潜力巨大。2006年12月，由上海、南京、杭州、合肥、南昌、宁波六大城市的政府相关部门共同发起，成立了长三角城市会展联盟，现已有24个城市加入联盟，是目前我国最大的区域会展经济协调组织，加强了长三角地区以及长江流域城市会展业的交流与合作。

东北部会展经济带，即以大连为中心的会展经济带，包括长春、哈尔滨、沈阳等城市。依托东北工业基地的产业优势及东北亚的区位优势，形成了长春汽博会、沈阳制博会、大连服博会等品牌展会。

中西部会展经济带，即以成都为中心的会展经济带，包括郑州、武汉、长沙、重庆、贵阳、昆明、西安等城市。随着中西部开发力度的不断加大，中西部城市的会展业近年来迅速发展，现已形成了西部国际博览会、重庆高交会、东西部洽谈会等品牌展会。

## 任务二　关注会展业发展趋势

### 任务描述

2015年，国务院发布了《关于进一步促进展览业改革发展的若干意见》（国发〔2015〕15号），其中明确指出，我国展览业已经成为构建现代市场体系和开放型经济体系的重要平台，在我国经济社会发展中的作用日益凸显。同时，我国展览业体制机制改革滞后，市场化程度发展迟缓，存在结构不合理、政策不完善、国际竞争力不强等问题。为进一步促进展览业改革发展，更好地发挥其在稳增长、促改革、调结构、惠民生中的作用，应做好以下几点：

（1）坚持深化改革。全面深化展览业管理体制改革，明确展览业经济、社会、文化、生态功能定位，加快政府职能转变和简政放权，稳步有序地放开展览业市场准入，提升行业管理水平，以体制机制创新激发市场主体活力和创造力。

（2）坚持科学发展。统筹全国展馆展会布局和区域展览业发展，科学界定展览场馆和展览会的公益性和竞争性，充分调动各方面的积极性，营造协同互补、互利共赢的发展环境。

（3）坚持市场导向。遵循展览业发展规律，借鉴国际有益经验，建立公开公平、开放透明的市场规则，实现行业持续健康发展。综合运用财税、金融、产业等政策，鼓励和支持展览业市场化发展。

1．为什么国务院要发布《关于进一步促进展览业改革发展的若干意见》？

2．中国怎样才能从展览业大国发展成为展览业强国？

## 学习目标

1．能运用互联网收集和了解会展行业发展新动向。

2．能够说明会展业发展的主要趋势。

## 知识储备

在实施工作之前，你应该知道以下知识：

### 一、会展业发展趋势

1．*产业化趋势：全面对接，产业互动*

会展经济在我国作为一个新兴的经济形式已经日益显现出其强大的生命力，会展经济所具备的产业化特征也日益明显，主要表现在会展经济的产业内涵不断延伸、会展经济产业效益快速增长和会展经济产业规模持续扩大几个方面。会展经济发达的国家，会展经济在其国内生产总值中的比重大致为0.2%，而目前我国该比重仅为0.004%。因此，我国会展业发展还有很大空间。

2．*国际化趋势：宏观调控，扩展竞争*

对于众多国外展览公司来说，我国会展业是一个潜力巨大的市场，随着服务贸易准入壁垒的取消，他们进入中国会展市场的渠道更加畅通，且国内会展市场竞争日趋国际化。另外，加入世界贸易组织能给国内会展业带来先进的管理经验和办展技术。

3．*法制化趋势：健全法规，规范市场*

与国际会展业的蓬勃发展相比，我国会展业的法制进程缓慢，尚处于初级阶段。我国会展的现行立法，包括关于会展审批管理的规定，关于举办者主体资格的规定，关于展品进出关、运输等的规定及地方政府规定。随着会展市场的蓬勃发展，中国会展业的法制化发展趋势会更加明显，会展法制体系会逐渐健全。中国会展业应做好两方面的准备，即对内抓紧制定行业法规，对外尽快熟悉国际规则；以规范会展市场秩序，为会展业的发展创造良好的环境。

4．*集团化趋势：渠道多样，优势互补*

中国推进会展业集团化的最终目的是使会展企业之间实现优势互补，从而提高中国会展业的国际竞争力。我国会展行业的集团化可以分三步走：一是采取横向联合、纵向联合、跨行业合作等灵活多样的组织形式，组建会展集团；二是开展品牌竞争；三是实行海外扩张。

5．*品牌化趋势：规模导向，品牌支撑*

品牌是会展业发展的灵魂，也是中国会展业在21世纪实现可持续发展的关键。为增强中国会展业的国际竞争力，品牌化是必由之路。国内已初步涌现出一批具有知名品牌的会展企业或展会，如中国进出口商品交易会、中国国际展览中心集团公司等。然而与德国、法国等国家的国际性会展公司或展览会相比，我国会展企业无论在品牌的知晓度上，还是在品牌的无形价值或扩张程度上，均存在着巨大的差异。中国会展业的品牌化应主要围绕三个内容来进行，即培育品牌展会、建设会展名城和扶持领导企业。

6．专业化趋势：专业定位，专业运作

专业化是中国会展业发展的必然选择。在过去相当长的一段时期内，我国会展业追求的都是综合化，强调小而全，并希望以此吸引更多层次、更多类型的参展商，结果造成展览会特色不鲜明、规模普遍小、吸引力不强。未来几年中，国内会展业将在这方面做大量有意义的探索：①展会内容的专题化。②场馆功能的主导化。除了会议或展览需要有明确的定位外，场馆也应该有比较清晰的主导功能定位。在会展发达国家，一些国际性的品牌展会总是固定在某个或几个场馆举行，这样既便于会展公司和场馆拥有者之间开展长期合作，又有利于培育会展品牌，我国会展企业应吸取其中的成功经验。③活动组织的专业化。

7．生态化趋势：绿色理念，潜力无限

中国会展业的生态化主要体现在以下四个方面：①注重场馆的生态化设计。在兴建会展场馆时，将从会展场馆选址、建筑材料选择到内部功能分区，突出生态化的特色。②大力倡导绿色营销理念。在组织整体促销或展会主办者在对外宣传招商时，都将更加强调自身的生态特色和环保理念。③强化环境保护意识。注重节能降耗和三废处理，在布展用品的选用上也应做到易回收的材料优先。④以环保为主题的展览会将备受欢迎。

8．多元化趋势：一业为主，多种经营

首先，从整体上看，世界会展业正在向多元化方向发展，具体包括产品类型的多行业化、活动内容的多样化和经营领域的多元化。中国会展业应根据当地的产业经济基础和自身的办展实力，积极开发新的专业性展会。其次，会展形式正在从传统的静态陈列转向融商务洽谈、展会参观、旅游观光、文化娱乐等项目于一体，这是全球会展业发展的必然趋势。

## 二、保障措施

（1）加强组织领导。要加强对会展业的整体协调和统筹管理。明确行业主管部门，分清职责，整合资源，对会展业进行宏观指导、统一规划和科学管理，密切与发展改革委、工商、公安、消防、海关、质检、知识产权等部门的协调与合作，引导、规范和促进会展业发展。

（2）完善法律法规和管理制度。完善现行法律法规体系和管理制度，清理废止阻碍行业发展和妨碍公平竞争的政策规定；在健全市场机制、优化市场环境、规范经营秩序的同时，简化管理程序，推行网上审批，建立相对统一的内外贸会展业管理体制。

（3）出台扶持政策。研究制定促进会展业发展的政策措施。逐步加大对会展业的资金支持力度，落实会展活动承办单位税收优惠政策，完善相关土地使用政策，为会展主体提供融资支持。

（4）优化公共服务。建立和完善会展业公共服务体系，扶持发展会展业公共服务平台。利用中国服务贸易指南网，为会展活动和办展企业提供信息和宣传服务。协调相关部门，为展会活动提供展品通关、安全、交通、住宿、餐饮、通信、物流、知识产权保护等一系列优质配套服务。

（5）强化知识产权保护。贯彻落实《展会知识产权保护办法》，加强会展业的知识产权保护。支持和鼓励办展主体通过专利申请、商标注册等手段保护展会的知识产权。会同有关部门，为展会主办单位和参展商提供知识产权法律服务，指导展会主办单位设立专门机构、制定专门措施，在防止参展产品侵犯他人知识产权的同时，保护参展商自身的知识产权不受侵害。

（6）加强人才培养和引进。开展多层次、多渠道的会展职业教育和培训，鼓励中介机构、行业协会与大专院校和培训机构合作培养会展业专门人才。探索建立会展专业人才职业资格认证制度。制定相关优惠政策，采取有效措施，引进国外高层次会展策划、市场营销和管理人才。

（7）加强行业自律。积极推动成立全国性会展业中介组织，充分发挥现有行业中介组织的“服务、协调、自律”作用，加强行业协调与监管。行业中介组织要加强与政府、行业、社会之间的沟通与协调，协助政府部门积极开展行业自律、指导咨询、制定和推广标准、统计调查、行业培训、信用建设、评估认证、信息发布、政策研究等工作，指导企业运用行业标准，遵守经营准则，开展良性竞争；同时提高行业整体素质，依法自我保护，维护行业合法权益，推动行业健康有序发展。

（8）加强理论研究。鼓励支持专业研究机构、大专院校开展会展业的科学理论研究和应用性技术创新研究，着力研究会展业对国民经济的促进作用，提出符合我国实际的会展业经济理论、发展规划和政策措施建议。

（9）抓好贯彻落实。各地会展业务主管部门要根据当地经济发展和产业特点等情况，按照本指导意见确定的目标、任务和政策措施，制定符合本地会展业实际的发展规划，建立工作协作机制，明确职责、落实任务，出台政策措施，提供保障与服务，促进当地会展业又好又快发展。

## 任务实施

收集会展行业信息 ⇨ 分析会展行业的发展趋势 ⇨ 分析会展行业如何适应发展的需求

### 步骤一：收集会展行业信息

1．请上网搜索商务部出台的《关于“十二五”期间促进会展业发展的指导意见》，并仔细阅读。

2．请上网搜索近两年广交会的参展商服务和买家服务信息。

**小提示**

可以以小组为单位，分别收集近两年广交会的参展商服务和买家服务信息。

**步骤二：分析会展行业发展的趋势**

1．请根据商务部出台的《关于“十二五”期间促进会展业发展的指导意见》，分析中国会展业的发展趋势。

2．请根据近两年广交会服务内容的变化，分析会展项目的发展趋势。

**步骤三：分析会展行业如何适应发展的需求**

1．请根据你的理解，尝试从具体会展项目组织者的角度，思考如何适应会展业发展的趋势。

2．请思考：作为会展行业从业者，如何适应会展业的发展趋势。

**小提示**

可以采用PPT介绍、提问等方法来展示学习成果。

## 学习评价

- 能按要求准确、快捷地收集会展行业信息和代表性会展项目信息。
- 能按要求根据会展行业信息，准确地分析会展行业发展动态和趋势。
- 能按要求根据会展项目信息，准确地分析会展项目发展的变化。
- 能从会展项目组织者和普通会展从业者的角度，积极思考如何适应会展业的发展趋势。

## 任务小结

在本任务中，我们学习了以下内容：

1．如何准确、快捷地收集会展行业信息和代表性会展项目信息。

2．如何有针对性地分析行业发展动态和趋势。

3．如何根据信息准确分析会展项目发展的变化。

## 检测与练习

一、填空

1．《指导意见》指出，发展会展业要遵循的理念是__________、__________和__________。

2．会展业发展国际化趋势是指__________、__________。

3．会展业发展品牌化趋势是指__________、__________。

4．会展业发展生态化趋势是指__________、__________。

5．应开展__________、__________的会展职业教育和培训。

二、判断

1．会展业发展多元化趋势是指渠道多样，优势互补。（　）

2．会展业发展产业化趋势是指全面对接，产业互动。（　）

3．专业定位、专业运作是会展业发展专业化趋势的体现。（　）

4．在兴建会展场馆时，要从会展场馆选址、建筑材料选择到内部功能分区，突出生态化的特色。（　）

5．会展是一种静态陈列形式。（　）

## 任务拓展

### 2015年会展业发展状况和路径

1．政府转变对土地财政的依赖，有利于会展业平衡发展

随着城镇化进程的推进，房地产经济成为经济发展的主要推动力之一。在这种情况下，为了加快城市周边地块向核心地块的转化，提升土地价值，大规模投资建设会展中心、高铁站、大学城等成为城市扩张的一种标准模式，会展地产比比皆是。不客气地说，很多会展中心项目实际上是房地产开发的副产品，这种开发模式经过多年的积累造成了中国会展场馆相对过剩。自国家对房地产行业进行新一轮调控开始，粗放式的城镇化建设模式正在得到改善，土地规划变得更加科学和严谨。从这个层面上来讲，中国房地产增速放缓，对控制住会展场馆供应量盲目过快增长有积极的作用。

2．自贸区建设加速，为会展业提供全球化的新平台

2015年，中国自由贸易区建设步入快车道。借由自贸区建设，上海、天津、广东、福建四地经济发展将会出现新的变化，并对全国产生影响。一般来讲，世界上多数自由贸易区通常都具备进出口贸易、转口贸易、仓储、加工、商品展示、金融等多种功能，这些功能与会展业具有极高的贴合度，尤其是对装备制造业、加工产业等类型的展会，会极大降低厂商的参展成本，并缩短客户订单的生产周期，而且能以更快的速度、更低的物流成本发货。这些变化又将反过来促进当地会展业的进一步发展，最终形成互相驱动的发展局面。在这种情况下，拥有自贸区的地区将更容易成为全球会展业关注的焦点，中国会展业面临着新的发展格局。上海自贸区和上海国家会展中心的强大组合效应，正吸引中国最优质的展会项目向上海聚集，上海正在向全球会展中心城市的发展目标快速挺进，北京、广州明确地感受到了压力。随着国务院新近批复的广东自贸区建设项目的启动，广东应该在会展业创新发展方面有所作为。

3．扩大内需、提振消费，会展业是重要工具

在中国经济结构的三驾马车中，消费对经济增长的贡献率一直都表现得不够理想。如今，在欧美经济疲软、全球购买力下降的情况下，无论是从维持全球经济温和增长还是从保持中国经济中高速增长的角度来看，中国都必须由全球制造业中心向制造和消费双中心的目标发展。金融及信贷系统相对完善的今天，扩大内需、提升国民消费到了恰当的时机。会展业的核心功能之一就是提升商贸流通，刺激民众消费。

在政府持续加力扩大国内消费市场的背景下，会展业更积极主动地承担起应尽的职

第一单元

责，特别是对三四线城市的消费领域，因其汽车及附属用品、电子消费品、家居和食品、服务产品的市场消费潜力很大，需要整合化的展览、展示、研讨、发布来促进这些消费的发生。

4．新技术为会展业提供更多可能

随着移动互联网的发展，通过数字化手段开展的信息收集、产品展示、观众互动的比重越来越高。应该说，在目前的展览和会议中，信息技术服务商的收入比重已经向传统服务商的份额逼近，甚至有些传统服务商的服务领域将会被信息服务商彻底取代。信息化服务，使得会展业焕发了崭新的生机。信息技术的导入，使得展会活动的效度、精度、广度和深度得到准确的优化。特别是借助大数据分析，展会活动的信息量化得以提升到前所未有的高度，过去展览主办方仅仅能够提供展览面积、展商数量、现场观众数量等几项有限的汇总数据，现在则可以提供每一位观众驻足展台甚至观察展品的准确起止时间，甚至还包括其对展品是否进行了线上检索。当然更重要的是，观众信息会被按照购买潜力的高低，结构化地呈现在参展商面前。传统商业模式与新技术的联合，使得买家和卖家都获得革命性的体验。

随着中国基础网络建设的不断完善、云平台的用户积累、智能手机的深度普及、可穿戴设备走向成熟，会展业与新技术的融合不断加深，展会形态也发生了更大变化。

第二单元

# UNIT 2

# 掌握会展项目流程

ZHANGWOHUIZHANXIANGMULIUCHENG

## 单元导读

在会展的实际工作中，我们以项目来划分工作，不同的会展活动就是不同的项目。因此，会展项目可以分为展览项目、会议项目、奖励旅游项目和节事活动项目。与其他活动项目相比，会展项目有其鲜明的特点。它以会展活动为管理对象，以参展商和观众为主要客户群，以提供令客户满意的服务为目标，在取得经济效益的同时，也争取获得巨大的社会效益。

本单元针对展览、会议、奖励旅游和节事活动等项目，从不同项目的方案出发，引领大家理解项目方案的具体内容，分析项目工作步骤，认知项目运作流程。通过学习本单元，你将熟悉会展各类项目的基本运作流程，真正树立起会展职业意识，培养团队意识和组织管理意识。

## 单元目标

1．能简单说明展览项目方案的基本内容，并绘制展览项目运作流程图。
2．能简单说明会议项目方案的基本内容，并绘制会议项目运作流程图。
3．能简单说明奖励旅游项目方案的基本内容，并绘制奖励旅游项目运作流程图。
4．能简单说明节事活动项目方案的基本内容，并绘制节事活动项目运作流程图。

## 工作流程

项目一 认知展览项目运作流程 → 项目二 认知会议项目运作流程 → 项目三 认知奖励旅游项目运作流程 → 项目四 认知节事活动项目运作流程

# 项目一 认知展览项目运作流程

本项目是把握会展项目流程的第一步——认知展览项目运作流程。

展览是会展的核心内容之一，每一个展览项目都是一项非常庞杂的系统工作。从策划开始，到招商招展、现场组织管理，一直到展后评估和总结，涉及很多的部门和人员。曾有业内专家统计，一次展览可由大大小小3600多项工作任务构成。那么，如何才能成功办好一次展览项目呢？

## 项目介绍

现在，你已对会展活动、会展企业和会展行业有了一定的认识。作为职业会展人，我们首先从展览项目出发，理解展览项目方案，并分析展览项目运作流程。

在本项目中，你将结合北京礼品展的相关资料和信息，了解展览项目方案的主要内容，并从展览的实际工作过程入手，掌握展览项目的工作步骤和运作流程。

本项目共分为两个任务：

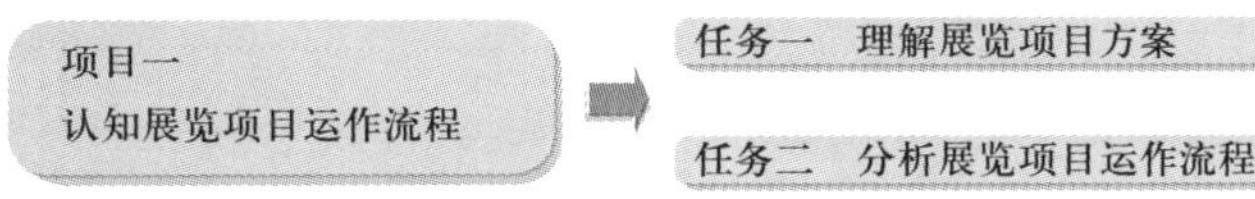


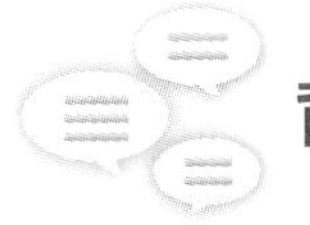

## 背景知识

### 一、展览的不同名称

在中文里，展览名称有博览会、展览会、展销会、博览展销会、看样订货会、展览交流会、交易会、贸易洽谈会、展示会、展评会、样品陈列、庙会、集市、墟、场等。另外，还有一些展览使用非专业名词，如日（澳大利亚全国农业日，Australian National Field Days），周（柏林国际绿色周，Berlin International Green Week）等。

在英文里，展览有Fair、Exhibition、Show、Exposition等名称。Fair是传统形式的展览会，也就是集市与庙会。Fair的特点是“泛”，参展者有商人也有消费者，参展品有农产品也有工业品。集市和庙会发展到近代，分支出了贸易性质的、专业的展览，被称作“Exhibition”（展览会）。而继承了“泛”特点的，规模庞大、内容繁杂的综合性展览仍被称为Fair。Exhibition也是使用最广泛的展览名称，通常作为各种形式的展览会的总称。Exposition起源于法国，是法文的展览会。在近代史上，法国政府第一个举办了以展示、宣传国家工业实力的展览会，由于这种展览会不做贸易，主要是为了宣传，因此，Exposition便有了“宣传性质的展览会”的含义。Show的原意是展示，但是在美国、加拿大等国家，Show已替代Exhibition。在这些国家，贸易展览会大多称作Show，而宣传展览会被称作Exhibition。

### 二、北京重要展览场馆——中国国际展览中心

中国国际展览中心集团公司隶属于中国国际贸易促进委员会暨中国国际商会，是中国展览馆协会的理事长单位、国际展览业协会（UFI）成员和国际展览会管理协会（IAEM）成员。中国国际展览中心建立于1985年，经过20多年的发展，现已成为集展馆经营、国内

组展、海外出展、展览工程于一身，业务范围一条龙配套的集团企业。

中国国际展览中心老馆（见图2-1）有14个常设展厅（包括A、B馆及二层）、60000m²的室内展出面积、7000m²的室外展出面积和10000m²的停车场。新馆（见图2-2）专为展览行业量身定做，一期于2008年3月建成并投入使用，是目前国内展览功能最完善、设施最先进的展览中心之一。展馆及附属设施建筑面积达400000m²，包括16个可分合的单体、单层、无柱、大空间展厅。新馆以举办大型国际博览会、专业博览会为主，同时兼有商务服务、办公、物流运输、广告宣传、技术交流、会议、住宿、餐饮娱乐等配套功能，是国际性、综合性、现代化的展览场所。

图2-1　中国国际展览中心老馆

图2-2　中国国际展览中心新馆

第二单元

## 三、知名展览公司——励展博览集团

励展博览集团为全球最大的展览及会议活动主办机构，有近百年的全球品质展览会的开发、策划、推广及销售经验。励展博览集团总部位于英国，是里德爱思唯尔集团的成员之一，在全球设有34个代表机构，共有3700多位员工，每年在43个国家主办500个展览及会议活动。2014年，励展博览集团举办的展会吸引了来自世界各地的700余万名参与者，为客户达成了数十亿美元的业务交易。

励展博览集团20世纪80年代进入中国，经过30多年的快速发展，如今已成为中国领先的展览会主办机构，在华拥有九家成员公司：励展博览集团中国公司、国药励展展览有限责任公司、励展华博展览（深圳）有限公司、北京励展华群展览有限公司、上海励欣展览有限公司、北京励展光合展览有限公司、励展华百展览（北京）有限公司、河南励展宏达展览有限公司和上海励扩展览有限公司。励展博览集团大中华区在中国拥有600多名员工，服务于国内礼品与家居、机床、金属加工与工业材料等12个专业领域。2014年，共有3万多家供应商参与展示，其展位面积总计超过160万m²。

图2-3所示为励展博览集团的Logo。

图2-3　励展博览集团Logo

## 任务一 理解展览项目方案

### 任务描述

北京国际礼品、赠品及家庭用品展览会（简称礼品展，见图2-4），是中国礼品行业久负盛名的品牌展览会，在业内享有极高的美誉度，被称为“中国北方第一礼品展”。展会锁定北方礼品市场，将数千家优秀礼业供应商汇聚一堂，并在春秋两季展会上集中亮相，完美展出，进而专注服务于礼品行业经销商、代理商、批发商以及广告公司、礼品公司，为其提供全面的礼品解决方案和专业的贸易合作平台，实现供需双方的高效互动。

图2-4 礼品展现场

任何一个展览都不是随意启动的，需要提前进行策划和安排。所谓“好的开始就成功了一半”，认真、到位的策划可以很好地引领整个展览项目的工作。请你收集最近一届礼品展的信息和策划方案。

**想一想**

1. 怎样才能获得礼品展最新、最准确的信息？
2. 礼品展的官方网站是什么？
3. 作为一个大型品牌展览，礼品展的策划方案里应包括哪些内容？

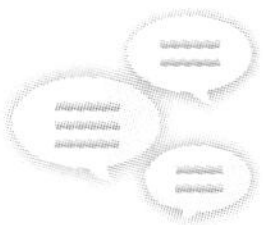

### 学习目标

1. 能理解展览项目策划方案的各项内容。
2. 能根据展览的特点，复述展览项目策划方案的内容和要求。
3. 能按照要求，初步制订展览项目策划方案。

### 知识储备

在实施工作之前，你应该知道以下知识：

第二单元

## 一、展览项目策划方案

展览项目策划方案是根据掌握的各种信息，对即将举办的展览的有关事宜进行初步规划、设计出展览的基本框架，为项目立项准备的一份文案，主要包括展览基本情况、可行性研究分析、组织实施计划、财务预算等。

其中，展览基本情况包括展览名称和地点、办展机构、展品范围、办展时间、展览规模、展览定位等内容。组织实施计划则包括招商招展计划、宣传推广计划、展会进度计划、现场管理计划、相关活动计划等。

## 二、展览信息收集与分析

展览策划方案的制订需要收集以下信息，并对信息进行初步分析。

（1）产业信息。包括产业性质（产业不同发展阶段，如投入期、成长期、成熟期和衰退期）、产业规模（生产总值、销售总额、进出口总额和从业人员数量等）、产业结构（产品的分布、地区的分布）、产品销售方式、产业热点问题等，详见表2-1。

表2-1　产业信息分析

| 产业信息 | 主要内容 | 对展览策划的作用 |
|---|---|---|
| 产业性质 | 产业不同发展阶段，是投入期、成长期、成熟期和衰退期 | 从宏观上判断展览的发展前景 |
| 产业规模 | 生产总值、销售总额、进出口总额和从业人员数量等 | 帮助预测展览的规模和专业观众的数量 |
| 产业结构 | 产品分布、地区分布 | 为展览市场定位、展区划分和专业观众组织等提供依据 |
| 产品销售方式 | 产品直销，还是由经销商分销，或是看样成交 | 为分析展览发展空间、确定展览举办时间、方式等提供依据 |
| 产业热点问题 | 产业最新出现、最受关注的问题 | 有助于策划展览同期论坛、新闻发布会等配套活动 |

（2）市场信息。从策划举办一个展览的角度出发，需要收集的市场信息主要有：市场规模、市场竞争态势、经销商数量和分布状况、行业协会状况、市场发展趋势、相关产业状况等。

（3）有关法律法规。不管是产业还是市场，它们都不同程度地受到国家有关法律法规的影响和约束，对举办展览存在着重大的影响。我们应主要了解：产业政策、产业发展规划、海关规定、市场准入规定、知识产权保护及其他规定。

（4）相关展览的信息。展览过多，很难进行全面信息收集，但至少应该收集到相关展览会的下述信息：同类展览会的数量和分布情况、同类展览会之间的竞争优势、重点展会的基本情况等。

获取信息的方法有：①委托专门的市场调查机构帮助收集；②收集现成的资料；③市场抽样调查；④通过网络收集。

## 三、可行性研究分析

研究展览项目可行性是为了对展览立项是否可行做出系统的评估和说明，并为最终完善各具体执行方案提供改进依据和建议。通常采用SWOT分析方法，即分析展览项目的内部优势（Strengths）、内部劣势（Weaknesses）、外部机会（Opportunities）和外部威胁（Threats）。其中，机会和威胁属于市场环境分析，优势和劣势属于展览项目生命力分析。

（1）市场环境分析是指在已经掌握的各种信息的基础上，进一步分析和论证举办展览的各种市场条件是否具备，是否有举办该展览所需要的各种政策基础和社会基础。

（2）展览项目生命力分析是指从计划举办的展览项目本身出发，分析该展览是否有发展前途。需要注意的是，展览项目生命力分析不是只分析展览举办一届或两届的生命力，而是要分析该展览的长期生命力，即要分析如果本展览举办超过五届以上，是否还有发展潜力。

## 四、财务预算

展览项目的财务预算包括财务收入预算和财务支出预算。

从办展机构的角度来说，举办一个展览的收入包括展位销售收入、广告销售收入、赞助收入、门票和会刊销售收入以及分销机构管理费等。而举办展览的支出则包括以下三个部分：

（1）经营性成本支出，指直接用于展览经营的费用，一般包括展馆场租及服务费、宣传推广费、信息服务费及展览现场服务费等项。

（2）管理性成本支出，指展览组织机构用于经营管理的费用，一般包括办公费、员工薪资、差旅费、公关接待费等项。

（3）不可预见费用，指展览经营的风险性费用，一般占展览成本支出预算总额的10%左右。

## 五、展览项目策划原则

在制订展览项目策划方案时，要遵循以下原则：

（1）市场需求的原则。准确把握和科学分析市场需求，是展览项目策划工作的前提。敏锐发现新的市场需求，积极引导或培育新的市场需求，是开发展览题材的创意来源。

（2）投入产出的原则。做展览决非无本生意。做新项目花的本钱比做老项目要多许多。因此，策划展览项目必须算账，即需要投入多少钱，可以赚回多少钱。因此，项目预算是展览策划工作中不可或缺的内容。

（3）资源配置的原则。展览项目须从两方面配置资源：在外部，要考虑主办单位（一般是政府主管部门、协会/学会）、展馆（展览条件与档期）、合作单位（如需借助渠道销售的项目或者借助媒体推广的项目）等公共关系资源的配置情况；在内部，要考虑资金、人力、办公设施等资源的配置情况。

（4）可操作的原则。要按照运营展览项目的要求，拟订策划方案。凡不具操作性的展览项目，策划工作就没有意义。

# 任务实施

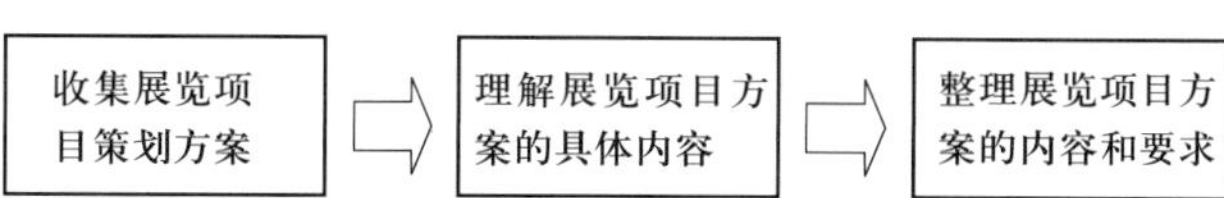

### 步骤一：收集展览项目策划方案

通过互联网等途径，能收集到许多展览的项目策划方案。有些方案内容完整详尽，而有些方案则很概括，部分内容粗略或缺失。请参照表2-2的展览策划方案目录，收集两个不同展览项目的策划方案。

**小提示**

在利用搜索引擎收集方案时，可输入关键字“展览策划方案”，也可以输入“××展策划方案”，如礼品展、汽车展、珠宝展等。

表2-2　展览策划方案目录

| |
|---|
| 一、前言<br>二、展览基本情况<br>（一）展会目的<br>（二）展会概况<br>（三）展品范围<br>（四）展会规模<br>三、可行性研究分析<br>（一）市场环境分析<br>（二）项目生命力分析<br>（三）分析总结<br>四、前期筹备工作<br>（一）展会进度计划<br>（二）招展方案<br>（三）招商方案<br>（四）展会宣传计划<br>五、现场活动方案<br>（一）展会配套活动<br>（二）风险管理<br>六、财务预算<br>（一）财务支出预算<br>（二）财务收入预算<br>七、结语 |

### 步骤二：理解展览项目方案的具体内容

1．请阅读你收集的两份展览项目策划方案，找出展览的基本信息：展览名称和地点、办展机构、展品范围、办展时间、展览规模、展览定位等。

2．请比较两份展览项目策划方案的内容有哪些不同之处。

3．请根据展览的性质和规模，分析哪份策划方案的内容更全面、更有效。

### 步骤三：整理展览项目方案的内容和要求

1．请根据你的学习和理解，整理出展览项目方案的内容。

2．请尝试复述展览项目方案的内容。

3．请从市场需求、投入产出、资源配置、可操作性四个方面，分别分析两份展览项目方案。

可以采用小组讨论、制作PPT的形式，以小组为单位来展示学习成果。

## 学习评价

- 能合理、熟练地使用互联网，收集展览策划方案。
- 能按要求从展览策划方案中快速、准确地提炼出展览信息。
- 能根据展览信息，准确地分析展览策划方案的异同。
- 能准确、全面地整理和复述展览项目方案的内容。
- 能按要求准备分析展览项目方案的原则。

## 任务小结

在本任务中，我们学习了以下内容：

1．如何快速、有效地收集展览策划方案。

2．如何快速、准确地从策划方案中提炼展览信息。

3．如何比较不同的展览策划方案，并准确地分析其异同。

4．如何全面地整理展览项目方案的内容，并准确复述。

## 检测与练习

一、填空

1．展览项目策划方案包括__________、__________、__________、__________等内容。

2．SWOT分析是指__________、__________、__________、__________。

3．展览的收入包括__________、__________、__________、__________等。

4．展览的支出包括__________、__________、__________。

5．策划展览项目的原则是__________、__________、__________、__________。

二、判断

1．策划展览时，无须收集和分析相关展览的信息。（　　）

2．可以通过市场抽样调查获得展览信息。（　　）

3．优势和劣势是展览项目的市场环境分析。（　　）

4．展馆场租属于经营性成本支出。（　　）

5．展览经营的风险性费用，一般占成本支出预算的20%。（　　）

## 任务拓展

1．上网搜索“2014年上海国际珠宝首饰展策划方案”，尝试分析已举办过的展览项目与还未举办的展览项目相比，其策划方案有什么不同，并进行说明。

2．请收集相关资料，按照展览项目方案的内容，制订礼品展的初步策划方案。

3．SWOT分析。

在进行可行性研究分析时，SWOT是一种重要的分析工具。它要求罗列展览项目的优势、劣势、机会、威胁，并将其排列组合，形成SO、ST、WO、WT策略矩阵，见表2-3。最后，对四种不同的策略进行甄别和选择，确定目前应该采取的具体战略与策略。

表2-3　SWOT矩阵

| 内部因素 / 外部影响 | 优势（S） | 劣势（W） |
|---|---|---|
| 机会（O） | SO策略（增长型战略）<br>利用机会，发挥优势 | WO策略（扭转型战略）<br>利用机会，回避弱点 |
| 威胁（T） | ST策略（多元化战略）<br>利用优势，降低威胁 | WT策略（防御型战略）<br>回避弱点，降低威胁 |



## 任务二　分析展览项目运作流程

### 任务描述

虽然每一个展览的具体情况不同，工作步骤和运作流程却是基本一致的，因为要想使展览呈现出最好的效果，就要在策划方案的基础上，按部就班地进行立项策划、宣传推广、招商招展等各项工作。礼品展也一样。请根据礼品展策划方案的相关内容，结合你的了解和实践，梳理出展览项目的运作流程。

1．礼品展是否需要向政府有关部门立项报批？
2．可以通过哪些方式和途径宣传礼品展？
3．怎样才能招徕潜在参展商和观众？
4．展前需要准备什么？
5．展览期间需要做什么？
6．撤展后是否就可以休息了？

### 学习目标

1．能说明展览项目运作的主要环节。

2．能理解展览项目运作流程，并绘制展览项目运作流程图。

### 知识储备

在实施工作之前，你应该知道以下知识：

## 一、报批

展览项目不是在立项后就能直接开始运作的。国务院办公厅在1997年颁发的《关于对在我国境内举办对外经济技术展览会加强管理的通知》，明确了对国内展会进行审批管理的制度。伴随市场经济的发展，行政审批制度不断改革，展览行政许可申请因此得以简化。现在，一个机构在举办展览时，一般需要申请五种行政许可事项，分别是工商登记、公共安全、交通运输、知识产权及展会冠名“中国”或“国际”的授予。

其中，展览的工商登记由工商局负责。展览的公共安全和交通运输由公安局负责（展览被公安部门定为大型群众活动，展览举办单位须申请许可；展品物流会影响城市的交通秩序，或城市交通法规不利于展品物流，展览举办单位须向公安局所属交管局申请许可）。展览的知识产权监管由知识产权局负责。展览冠名“中国”或“国际”的授予由工商局、商务部、科技部及中国贸促会批准。

随着社会经济的发展，国内展会正在逐步转为登记管理制，即在相关部门进行登记备案就可以了。

## 二、租馆

在报批结束拿到相关批文后，展览主办方就要租赁展馆。之所以要提前准备批文，是因为展馆方需要规避自身的经营风险。展馆要防范的经营风险主要有两种：一种是主办方“骗展”（指主办方租馆的目的是行骗，即通过招商骗取参展商交付的展位费，在展览开幕前卷款“失联”）；另一种是展览遭参展商投诉，造成群体性事件，牵连展馆方。

在签订租馆合同之前，展览主办方应对展览场馆进行全面的实地考察。考察的重点是展览场馆的服务设施及服务能力，包括展览场地是否适用，展品运输、储存是否方便，展览现场的水、电、气源接驳是否方便，展览现场接待参展商和观众的设施是否齐全，标准展位搭建、展品运输物流、展览现场工作餐供应是否可以自理，展览场馆管理水平和员工素质是否专业等。同时，还要考察在主办方预定“展览档期”的前后三个月内，有无相同主题的展览会已经或准备预定展览场馆。这一点非常重要。

最后，展览主办方需要与展馆签订租馆合同，确定展览的具体展期、所租用的展览面积、租金标准、标准展位搭建及展品运输物流等服务的提供形式（如明确由展览场馆提供，则需要确定服务收费标准）以及双方的责任与义务，包括违反合同的处罚等内容。

## 三、招商招展

招展是承办单位招徕参展企业来参展，并根据参展商租用展位的类型和面积收取一定的展位费用。招商则是承办单位招徕专业观众（指从事专业性展览会上所展示产品的设计、开发、生产、销售、服务的观众，以及目标参展商的潜在客户）参观展览的过程。

招展和招商是展览行业两个重要的组成部分，是展览发展的两翼。二者相互吸引，相互影响，缺一不可。

招展招商的途径有很多，可以通过政府关系、行业协会组团参加，还有电话、邮件、面谈等多种方式。

## 四、宣传推广

为了传播办展信息，吸引参展商和观众，扩大展览的影响力，提高展览的知名度，展览需要进行宣传推广。一般来说，展览宣传推广的途径有以下几种：

1．新闻宣传推广

利用媒体对展览进行新闻推广，具有效果明显、成本低廉的特点。因此，展览组织机构普遍重视新闻推广工作。一般而言，专业性较强的展览选择行业性或专业性媒体，如机床与工具展览会除选择机械制造行业的报纸、杂志和网站之外，还因汽车零部件制造厂商是机床的主要采购者，乐于选择汽车行业的专业媒体进行新闻推广。面向普通观众的展览，选择大众媒体进行新闻推广。既可面向专业观众，又可面向普通观众的展览，则会同时选择专业媒体和大众媒体进行新闻推广。而且，展览在启动前、组展期间、开幕期间、结束后等不同的阶段，其新闻推广的重点也会有所不同。

2．广告宣传推广

展览的广告媒体可分为自有媒体和社会媒体两类。自有媒体是指展览组织机构自身所拥有的网站、会报、会刊、门票。有的展览组织机构办有公开发行的报纸或杂志，或办有直送性质的杂志（DM），这些也属于自有媒体。展览组织机构自有媒体之外的即为社会媒体。社会媒体大致分为平面媒体（主要是报纸、杂志）、电子媒体（主要是电视、广播、网站）和其他媒体（主要是户外广告媒体，如路牌、气球标语、充气形拱门标语等）。

将新闻推广和广告推广有机地结合起来，是许多展览组织机构经常采取的推广措施。

3．公共关系

公共关系能够帮助展览企业通过各种传播手段，在企业和社会公众之间建立起相互了解和信赖的关系，并通过双向的信息交流，取得社会公众的理解、支持和合作，在社会公众中树立起良好的形象和声誉，从而实现展览目标。常见的展览公关活动有招待会、拜会、会议、评奖、表演等。

## 五、前期筹备

展览项目报经有关部门批准后，即可进入筹备阶段，其主要工作包括以下三个方面：

1．准备文案和材料

展览项目涉及许多文案和材料，都需要在展览前期准备好。因此，项目组成员需要提前制订参展商接待方案、开幕式方案和应急预案，并编制会刊、参展商手册、参展商登记表、观众登记表、票证和相关标志等一系列材料。

2．准备人员和服务

展览项目不是仅有主办方、承办方就能做好的，它需要多方配合才能完成。如展位搭建、物流运输等都是专业性很强的工作，需要协调场馆、搭建服务商和物流服务商等。现在的展览还出现了专门提供鲜花绿植、展商旅游、安保清洁、礼仪人员、现场临时人员等服务的代理商，这些也需要提前进行安排和落实。

3．准备同期活动

现在的展览已不仅仅是展示物品和服务，在展览举办期间，经常会有很多的同期活动，如开幕式、闭幕式、新闻发布会、研讨会、论坛、评奖、比赛、表演等。主办方需要根据相关方案，邀请嘉宾，准备发言稿、现场设施设备等物品，并提前做好活动现场布置工作。

### 六、现场服务与管理

展览现场要从进场布展的第一天开始，直至撤展结束。在这段时间里，主办方要对参展商、观众、展馆、配套服务商等各方面进行协调、监督、服务与管理，包括参展商接待与服务、观众服务与管理、现场协调、同期活动服务与管理、信息收集、参展商下届预定、撤展管理等一系列工作。

### 七、后续服务

展览的闭幕并不意味着展览项目的结束。在撤展结束后，还有许多工作要做，如汇总整理展览信息资料、统计分析数据、展览总结评估、展后宣传、重点客户跟踪等。这些都是展览工作的重要组成部分，是实现展览目标和价值的重要途径，绝不可掉以轻心。

## 任务实施

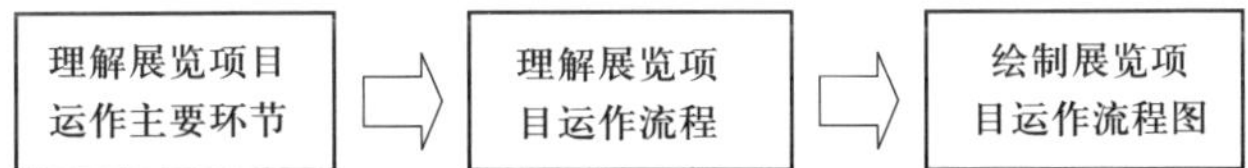


### 步骤一：理解展览项目运作主要环节

请根据你的学习和理解，按照表2-4整理展览项目运作主要环节的内容。

表2-4　展览项目运作主要环节

| 主 要 环 节 | 环 节 内 容 |
|---|---|
| 报批 | |
| 租馆 | |
| 招展招商 | |
| 宣传推广 | |
| 前期筹备 | |
| 现场服务与管理 | |
| 后续服务 | |

### 步骤二：理解展览项目运作流程

请将以上展览项目主要环节按时间先后进行排序，并按项目所处阶段进行划分，见表2-5。

表2-5　展览项目运作四阶段

| 展览项目所处阶段 | 工 作 内 容 |
|---|---|
| 项目启动阶段 | |
| 项目准备阶段 | |
| 项目现场阶段 | |
| 项目后续阶段 | |

**小提示**

展览项目可在不同的时间点进行侧重点不同的宣传推广，因此可跨几个阶段分别进行宣传和推广。

### 步骤三：绘制展览项目运作流程图

1．请根据步骤一和步骤二的学习，尝试绘制展览项目运作流程图（见图2-5）。

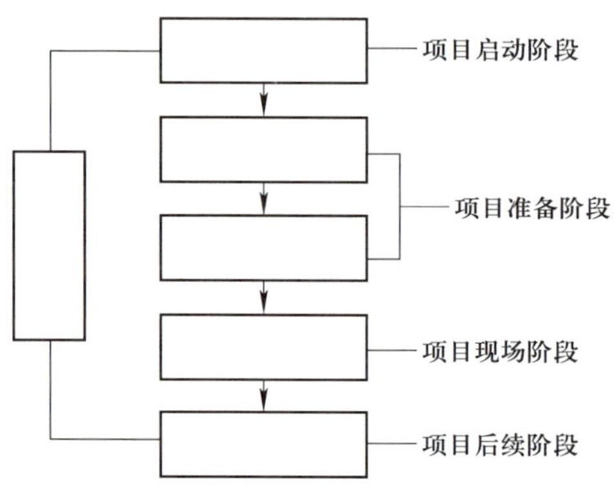


图2-5　展览项目运作流程

2．请登录礼品展的官方网站（http://www.giftsbeijing.com），查阅各版块内容，熟悉礼品展的各项活动和服务。

3．请从励展博览集团作为礼品展主办机构的角度，模拟礼品展的项目运作流程。

可以采用小组讨论、角色扮演的形式，以小组为单位来展示学习成果。

## 学习评价

- 能准确、快速地说明展览项目的主要环节，全面、准确地说明各环节的主要内容。
- 能准确、快速地整理展览项目主要环节的时间顺序。
- 能按要求准确、清晰地绘制展览项目流程图。
- 能按要求自然、流畅地模拟展览的项目运作流程。

## 任务小结

在本任务中，我们学习了以下内容：

1．如何准确、快速地说明展览项目的主要环节及其内容。

2．如何准确、快速地整理展览项目主要环节的时间顺序。

3．如何准确、清晰地绘制展览项目流程图。

4．如何自然、流畅地模拟展览的项目运作流程。

## 检测与练习

一、填空

1. 招商招展的途径有__________、__________、__________等。

2. 展览宣传推广的途径包括__________、__________、__________。

3. 展览的前期筹备工作包括__________、__________、__________。

4. 展览的支出包括__________、__________、__________。

5. 展览的后续工作有__________、__________、__________、__________等。

二、判断

1. 国内展会正在逐步转为审批管理制。 (　　)

2. 展览的知识产权监管由工商局负责。 (　　)

3. 招商和招展是展览两个重要的组成部分。 (　　)

4. 展览不需要进行公关活动。 (　　)

5. 展览现场要从进场布展的第一天开始，直至撤展结束。 (　　)

第二单元

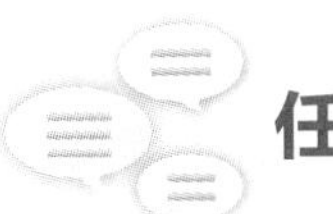

## 任务拓展

### 一、申报公安、消防等许可的流程与文件

请登录中国国际展览中心新馆网址（www.nciec.com.cn），并在“资料下载—主办需求资料”中查看举办展览时向公安部门和消防部门申报的流程及所需文件。

### 二、租馆合同

请登录搜索引擎，输入关键字“展览场地租赁合同”，查看两份租馆合同，并整理其主要条款。

# 项目二 认知会议项目运作流程

本项目是把握会展项目流程的第二步——认知会议项目运作流程。

在会展业不断发展的今天，名目繁多的会议活动在社会各个领域开展，成为一种不可或缺的社交方式。与展览一样，会议涉及的部门和人员也很多，从明确要举办会议开始，到编制会议预算，选择会议场地，到会议效果评估和会后总结，流程相当复杂。那么，如何才能成功地办好一次会议呢？可以把最佳答案归结为12个字：精心策划，认真组织，热情接待。

## 项目介绍

在上一个项目中，你已掌握了展览项目的运作流程。现在，要接着理解会议项目方案，并分析会议项目运作流程。

在本项目中，你将结合2014年APEC会议的相关资料和信息，了解会议项目方案的主要内容，并从会议的实际工作入手，掌握会议项目的工作步骤和运作流程。

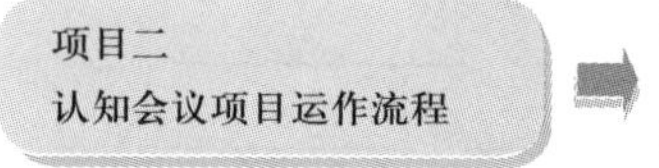


任务一　理解会议项目方案

任务二　分析会议项目运作流程

## 背景知识

### 一、会议分类

按照会议交流的内容分类，会议可分为工作性会议、学术性会议和商业性会议三类。

工作性会议，也可以称为行政性会议，是指会议的主办者和参加者围绕一个共同的工作性或行政性议题，聚在一起进行交流的会议。如卫生部2011年8月26日—27日在杭州召开的“全国卫生信息化工作现场会议”。该会议通过实地考察浙江省疾病预防控制中心“公共卫生数据统一采集交换平台” 以及电子病历与电子健康档案互联互通、远程会诊、区域卫生资源共享、预约挂号系统等信息网络建设与运用情况，交流各地医疗卫生信息化工作进展情况。时任卫生部部长陈竺、副部长尹力出席会议，并就下一步工作提出具体要求。各省（区、市）卫生厅局、新疆生产建设兵团及计划单列市卫生局主管信息化工作的厅局领导，办公室、疾病预防控制处、农村卫生管理处、信息中心负责人以及卫生部有关司局和直属单位负责人近300余人出席了该会议。又如，中国机械工业联合会、中国轻工业联合会、中国建材工业联合会等国家级行业协会，每年春季都分别召开年会即联合会理事会议，总结上一年的工作，研究部署下一年的工作。此类年会一般会邀请联合会下属的各行业协会和各省（区、市）一级同行业协会的负责人列席，以共同交流协会工作。

学术性会议，是指会议的主办者和参加者围绕一个共同的或关联的学术性议题，聚在一起进行交流的会议。例如，中华医学会2012年主办的三种类型的学术性会议达249个，其中，国际性学术会议9个，国内一类学术会议58个，国内二类学术会议182个。在国际性学术会议中，于2012年10月在北京召开的“第13届亚太临床微生物暨感染病会议”，是亚太国家感染病医学组织共同发起的国际性学术会议，每年一届，轮流在亚太国家或地区举行。

冠名为论坛的会议大多是学术性会议。论坛形式的会议，一般会事先确定一个主题，应主办者邀请来会演讲的嘉宾，必须围绕这个主题通过演讲阐述自己的看法。如，2011年9月在大连举行的“夏季达沃斯论坛”，主题为“关注增长质量，掌控经济格局”。包括中国国务院时任总理温家宝在内的数十位嘉宾出席并就此发表演讲。共有来自90多个国家的1600多名政商领袖参加了此次论坛活动。

与严格意义的学术会议所不同的是，冠名论坛的会议不要求与会者（包括演讲嘉宾）提供学术论文，也不会印发论文集。

商业性会议，是指会议的主办者为实现自身的商业意图，通过会议向与会者传递体现这一商业意图信息的会议。如，西门子（中国）有限公司2010年9月18日在温州市云天楼·米兰国际大酒店主办“小型自动化产品推介会”。在一天的会期中，西门子公司介绍了7款小型自动化新产品和客户使用产品的案例。为与客户联络感情，会议安排了与会客户与西门子公司主讲者、公司高层的互动活动，并向客户赠送了纪念品。

## 二、北京重要会议场所——国家会议中心

国家会议中心（见图2-6）隶属中国大型地产综合运营企业北京北辰实业股份有限公司。作为国际大会及会议协会（ICCA）、国际会议中心协会（AIPC）、国际展览与活动协会（IAEE）会员，国家会议中心集智能化的设计、优秀的管理、专业的服务水准于一身，是中国第一个真正意义上的绿色会议中心。

国家会议中心有大小不等的会议室100多个，配备了最先进的会议视听设备，能最大限度地满足不同规模的会议、宴会、演出、新品发布、公司活动等多功能服务需求。其中，最大的会议室面积达6400m$^2$，可容纳6000人，宴会厅4860m$^2$，可接待3500人。除了提供宴会、茶歇等餐饮服务外，国家会议中心也提供广告发布、制作、设备租赁等服务。

图2-6　国家会议中心

## 三、知名会议公司——决策者会议策划集团

决策者会议策划集团（CDMC）成立于2003年，是中国最早、最具实力和影响力的独立品牌会议主办机构，横跨新加坡、菲律宾、中国上海、中国北京，实现三国四地经营，职能包括会议发起、会议定位、会议产品设计和会议渠道营销等。

该集团塑造了6个产业群，旗下拥有超过37个具有国际影响力的产业会议品牌，主办了190多场国际会议，涵盖能源资源、环保基建、交通物流、金融投资、高端消费、医药食品等行业。其中，两个品牌会议入围亚洲会议产业最高规格盛典“亚洲会议高峰论坛暨颁奖典礼2012”：中国核能国际大会入围“最佳会议发展奖”；支付创新（中国）峰会入围“最佳金融会议奖”，并获得“2012亚洲高度受赞扬最佳财经会议”殊荣。

图2-7为决策者会议策划集团的Logo。

图2-7　决策者会议策划集团的Logo

第二单元

## 任务一　理解会议项目方案

### 任务描述

2014年APEC会议（其Logo见图2-8）是由亚太经济合作组织发起的会议，是继2001年上海举办后时隔13年再一次在中国举办，于11月中旬在北京召开，包含领导人非正式会议、部长级会议、高官会等系列会议。此次会议的主题是：共建面向未来的亚太伙伴关系。在这个主题下有三个重要的议题：推动区域经济一体化，促进经济创新发展、改革与增长，加强全方位互联互通和基础设施建设。其中，领导人峰会于2014年11月10日至11日在北京怀柔雁栖湖举行，中国国家主席习近平主持峰会。

图2-8　2014年APEC会议Logo

作为一次重要的政府会议，APEC会议必须集中各方面的力量，以确保做好各项任务的系统安排。实际上，任何一个会议都要有详细的计划和方案，才能使会议有条不紊地进行。请你收集2014年APEC会议议程和一份其他会议策划方案。

1．怎样才能获得APEC会议最准确、最详细的议程安排？

2．你觉得APEC会议日程里最重要的准备是什么？

3．将APEC会议日程与另一份会议的策划方案进行比较。你认为会议的策划方案里应包括哪些内容？

### 学习目标

1．能理解会议项目策划方案的各项内容。

2．能根据会议的特点，复述会议项目策划方案的内容和要求。

3．能按照要求，初步制订会议项目策划方案。

### 知识储备

在实施工作之前，你应该知道以下知识：

### 一、会议项目策划方案

会议项目策划方案是根据会议的目的，借助一定的科学方法和艺术，对即将举办的会议的有关事宜进行设计和计划的一份文案，主要包括会议主题及议题、会议目的、会议时间、会议地点、会议组织、邀请嘉宾、参与人员、会议日程、会场布置、组织与分工、会议宣传、费用预算、注意事项等。

## 二、会议宣传

与展览项目一样，会议项目也需要宣传和推广。通过电视、报纸、户外广告、网络、数据业务平台、线下活动等各种渠道，及时地发布活动信息新闻稿、专题信息材料、活动策划案、相关影像资料等会议信息及报道，以增加会议的影响力。会议的宣传和推广在很大程度上能够决定会议活动举办的效果如何。因此，需要注意宣传的时间、渠道、内容等。会议前期的宣传以铺垫或预热为目的，会议期间的任务是捕捉新闻热点和宣传点，会议后期则须宣传会议成果。

## 三、会议预算

通常而言，会议预算包括以下几个方面：

### 1．会议室费用

（1）会议场地租金。

（2）会议设施租赁费用。此部分费用主要是租赁一些特殊设备，如投影仪、便携式计算机、移动式同声翻译系统、会场展示系统、多媒体系统、摄录设备等产生的费用，租赁时通常需要支付一定的使用保证金，租赁费用中包括设备的技术支持与维护费用。

（3）会场布置费用，包括布置会场所需的花篮、横幅、标语、喷绘等。

（4）其他支持费用。这些支持通常包括广告及印刷、礼仪、秘书服务、运输与仓储、娱乐休闲、媒介、公共关系等。

### 2．住宿费用

正常的住宿费除与酒店星级标准、房型等因素有关外，还与客房内是否提供长途通信、洗换、迷你吧酒水、一次性换洗衣物、互联网、水果等服务有关。

### 3．餐饮费用

会议的餐饮费用可以很简单，也可以很复杂，这取决于会议议程需要及会议目的。

（1）早餐。早餐通常是自助餐，当然也可以采取围桌式就餐，费用按人数计算即可。但考虑到会议就餐的特殊性及原材料的预备，所以预计就餐人数不得与实际就餐人数相差15%，否则餐馆有理由拒绝按实际就餐人数结算，而改为按预计就餐人数收取费用。

（2）中餐及晚餐。中餐及晚餐属于正餐，可以采取自助餐形式，按人数预算，也可以采取围桌式形式，按桌预算。

（3）会场茶歇。此项费用基本上是按人数预算的，预算时可提出不同时段茶歇的食物、饮料组合。通常情况下，茶歇的种类可分为西式与中式两种。西式基本上以咖啡、红茶、西式点心、水果等为主。中式则以开水、绿茶或者花茶、果茶、咖啡、水果及点心为主。

### 4．杂费

杂费是指活动过程中一些临时性安排产生的费用，包括打印、临时运输及装卸、纪念品、模特与礼仪服务、临时道具、传真及其他通信、快递服务、翻译与向导、临时商务用车、汇兑等产生的费用。杂费的预算很难计划，通常可以在会务费用预算中增列不可预见费用进行机动处理。

## 任务实施

收集会议项目策划方案 ⇨ 理解会议项目方案具体内容 ⇨ 整理会议项目方案的内容和要求

### 步骤一：收集会议项目策划方案

请参照表2-6中的会议策划方案目录，通过互联网收集两个不同会议项目的策划方案。

**小提示**

在利用搜索引擎收集方案时，可输入关键字“会议策划方案”，也可以输入“论坛策划方案”“研讨会策划方案”等。

表2-6　会议策划方案目录

| 一、前言<br>二、会议主题及议题<br>三、会议目的<br>四、会议时间<br>五、会议地点<br>六、会议组织<br>七、邀请嘉宾<br>八、参与人员<br>九、会议日程<br>十、会场布置<br>十一、组织与分工<br>十二、会议宣传<br>十三、费用预算<br>十四、注意事项 |
|---|

### 步骤二：理解会议项目方案具体内容

1. 请阅读你收集的两份会议项目策划方案，找出会议的4W1H要素：会议名称、时间、地点、主题、参会者、会议日程安排等。
2. 请比较两份会议项目策划方案的内容有哪些不同之处。
3. 请根据会议的性质和目的，分析哪份策划方案的内容更全面、更有效。

### 步骤三：整理会议项目方案的内容和要求

1. 请根据你的学习和理解，整理出会议项目方案的内容。
2. 请尝试复述会议项目方案的内容。
3. 请从主题策划、组织实施、人员安排、费用预算四个方面，分别对两份会议项目方案进行分析。

**小提示**

可以采用小组讨论、制作PPT的形式，以小组为单位来展示学习成果。

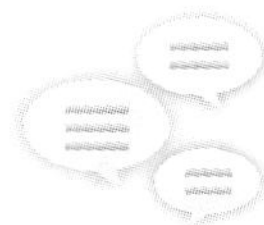

## 学习评价

- 能合理、熟练地使用互联网收集会议策划方案。
- 能按要求从会议策划方案中快速、准确地提炼会议要素。
- 能根据会议信息，准确分析会议策划方案的异同。
- 能准确、全面地整理和复述会议项目方案的内容。
- 能按要求分析会议项目方案。

## 任务小结

在本任务中，我们学习了以下内容：

1．如何快速、有效地收集会议策划方案。

2．如何快速、准确地从策划方案中提炼会议要素。

3．如何比较不同的会议策划方案，并准确地分析其异同。

4．如何全面地整理并准确复述会议项目方案的内容。

## 检测与练习

一、填空

1．会议策划方案的内容包括__________、__________、__________等。

2．会议的4W1H要素是指__________、__________、__________、__________、__________。

3．会议人员包括__________、__________、__________。

4．会议预算包括__________、__________、__________、__________。

5．会议室费用包括__________、__________、__________。

二、判断

1．会议策划方案要对组织和分工、宣传推广提出要求。（　　）

2．会议前期的宣传以铺垫或预热为目的。（　　）

3．广告印刷费用属于其他支持费用。（　　）

4．会议采用自助餐形式时，预计就餐人数不得与实际就餐人数相差10%。（　　）

5．不同时段的会场茶歇食物必须一样。（　　）

## 任务拓展

1．上网登录决策者会议策划集团的中文网站，浏览其已成功举办的会议资料，如亚洲天然气大会、中国核能国际大会的相关资料，尝试分析企业主办的会议与政府部门主办会议相比，其策划方案有什么不同，并进行说明。

2．请收集相关资料，按照会议项目方案的内容，制订学校毕业生论坛的初步策划方案。

3．国际会议的标准。

国际会议的标准并无统一规定。创建于1907年的全球国际社团组织（Union of International Associations，简称UIA），规定的国际会议标准是：至少有300个参加者；国外参加者至少占参加者总数的40%；参加会议的国家不少于5个；会期最短为3天。

而创建于1963年，总部位于荷兰阿姆斯特丹的国际大会及会议协会（International Congress & Convention Association，简称ICCA），规定的国际会议标准是：至少有50个参加者；定期组织举行会议（不包括一次性会议）；必须至少在3个国家举行过。

我国关于国际会议的标准，目前仅见于中共中央办公厅、国务院办公厅印发的《关于在华举办国际会议的管理办法》（〔2006〕10号文）。其规定，“来自3个或3个以上国家和地区（不含港、澳、台地区）的代表参加，以交流为主要目的，举办的研讨会、报告会、交流会、论坛以及国际组织的行政会议，可称为国际会议。”

由上可见，与会者中来自国外的参加者达到一定数量和比例，是判别是不是国际会议的标准。而与会者中没有来自国外的参加者，或来自国外的参加者未达到一定数量和一定比例的，就是国内会议。



## 任务二　分析会议项目运作流程

### 任务描述

会议名称五花八门，规模可大可小，时间有长有短，类型和性质也各异，但是，会议工作流程大致相同。一般的会议包括会前准备、会中实施、会后评估等环节。现在，随着企事业单位对会议专业化服务的需求越来越大，除会议中心、酒店宾馆会务部能承接会议服务外，还出现了专门的会议服务公司。请从会议服务提供方的角度，根据你的了解和实践，结合毕业生论坛策划方案的相关内容，梳理出会议项目的运作流程。

1．如何向学校领导推介你的毕业生论坛策划方案？

2．举办论坛前期需要进行哪些准备工作？

3．在布置论坛现场时，需要注意什么？

4．论坛现场的接待如何组织才能井然有序？

5．论坛结束是否意味着工作的结束？

### 学习目标

1．能说明会议项目运作的主要环节。

2. 能理解会议项目运作流程，并绘制会议项目运作流程图。

## 知识储备

在实施工作之前，你应该知道以下知识：

### 一、会议服务推介

通常，会议服务公司可以提供以下服务内容：会议通知、会议组织、会议礼仪与接待、会议交通、会场布置、会议餐饮安排、会议秩序维持、会议秘书服务、会议代表住宿安排、会务考察安排及休闲娱乐项目、返程票务服务及站场接送、财务协助等。

因此，会议服务提供方要及时了解企事业单位的会议信息，并尽快做出反应，通过电话、上门走访等方式，推介自己的会议服务。在与客户沟通的过程中，要介绍自己组织会议的能力和设施，并了解客户会议的基本情况，包括会议举办方名称、会议的时间及会期、会议的地点、会议的规格、与会人数、负责人及其联系方式、有无特殊要求等。必要时，可以根据自己的经验，给客户提出一些合理化建议。通过会议服务推介，会议服务提供方应与客户建立良好的关系，培育长期客户。

### 二、场地选择与考察

在弄清楚客户即会议主办方的需求之后，会议服务提供方应根据会议的议题、性质、规模、与会者的要求，初步选择会议场地，并安排主办方一起进行实地考察，以最终确定会议场所。会议场地考察主要包括以下几个方面：

(1) 会场设施。考察内容主要包括：会议场所的容量是否足够大，是否有所需要的各类会议室，是否有齐备的照明、视听等现代化设施等。

(2) 服务设施。考察内容主要包括：会议地点是否有方便、快捷的交通；是否有种类齐全的娱乐设施；是否有商店；是否有足够与会者使用的电梯；公共区域是否干净整洁；是否有足够使用的公共卫生间等。

(3) 住宿。考察内容主要包括：是否有足够的客房，其中单人间、标准间及大床房各有多少，是否有贵宾间；客房到会场距离多远，通行是否方便；客房内是否都有上网设施；是否有禁止吸烟的规定；客房管理水平如何；客房最早可以何时入住，何时退房；客房条件如何，是否有必需的安全措施等。

(4) 餐饮。考察内容主要包括：公共区外观是否清洁；备菜区是否干净，餐品是否符合卫生标准；餐厅工作人员的态度是否热情，是否能够提供有效、快速的服务；菜单品种是否齐全，是否能够提供独特的茶点及素食者的食物；餐品价格是否合理；是否具有举办主题宴会的能力等。

(5) 工作人员。考察的主要内容有：工作人员是否需要特殊指导；安保人员与服务人员是否友好；接待处的人力是否足够；询问处是否全天候有人值班；工作人员办事效率高低等。

(6) 安全状况。考察内容主要包括：会议地点是否设置了火灾报警系统，是否公示了撤退程序；每个房间是否设置了烟雾报警系统或喷淋装置；是否配备了保险箱；是否有保安队伍；会议地点是否有常驻医生；距离最近的急救中心有多远等。

（7）费用。考察内容主要包括：会议地点各类收费标准；会议地点的收费是否有淡季折扣；工作日和节假日的收费标准是否有所不同；是否可以提供免费使用的工作房间；是否需要交纳定金；接收哪些币种，是否可以使用信用卡消费；会议地点是否要求保险；一旦出现财产受损谁来负责；会议地点有哪些附加收费和额外收费；哪些费用可以延期支付等。

## 三、会议服务承办合同

会议服务方在与会议主办方就会议服务方案的各项内容充分沟通、达成一致后，可以签订会议服务承办合同。一般来说，会议服务公司有自己的标准合同文本格式，只须根据具体的会议项目对相关内容进行修改。在填制合同时，应注意将协商决定的事项、合同订立双方的权利和责任等内容，完整、清晰、明确地写入合同，避免产生歧义。

## 四、会议配套服务

在签订会议服务合同后，会议项目就正式启动了。会议服务的很多内容不是会议服务公司可以独立完成的，需要由相关配套服务商提供，会议服务公司只是起到中间联系和落实的作用。

会议中需要的配套服务包括场地搭建、音响灯光、视频投影、摄影摄像、车辆服务、设计策划、翻译服务、演员节目、礼仪服务、鲜花装饰、打印物料、礼品定制等。

## 五、会前准备

会前准备是会议服务的重要工作，只有做好了各项准备工作，才能保证会议顺利有序地进行。会前准备包括制发会议通知、印制会议证件、准备会议文件和物品、安排相关人员等。

（1）会议通知。按通知的性质，会议通知可以分为预备通知和正式通知。预备通知先于正式通知发出，其作用主要是请与会者事先做好参加会议的准备。凡需要事先征求与会者意见，或需要与会者事先提交论文、报告、答辩和汇报材料，或先报名再确认与会资格的会议，应当先发预备通知，待议程、时间、地点以及与会资格正式确定后，再发正式通知。

（2）会议证件。会议证件主要有出席证件和工作证件两大类。出席证件包括代表证、列席证、旁听证、嘉宾证等。工作证件包括工作证、记者证、通行证等。为了便于辨认会场内各种人员的身份，同一会议的不同证件应当采用不同颜色和字体进行区别。

（3）会议文件。会议中常用文件有会议议程、会议须知、与会人员名单、工作人员名单、车辆调度表、开幕词、发言稿、工作报告、选举办法、论文集等。

（4）会议物品。会议前需准备的物品包括会场基本设备（桌椅、灯光设备、卫生用具、消防设施等）、会场装饰用品（会标、会徽、旗帜、鲜花绿植、标语横幅等）、会场视听器材（幻灯仪、投影仪、投影屏幕、录像机、电视机、电视墙、摄像机、音响设备、音视频会议系统等）、会议通信设施（电话、传真机、计算机、表决系统、同声传译系统、发言讨论系统及相应的通信网络设施）、常用文具和印刷设备（笔、纸、簿册等常用文具，打字机，打印机，扫描仪，复印机等）、会议专门用品（桌签、颁奖用的奖品与证书、开幕式剪彩用的彩带和剪刀、选举用的选票和投票箱等）、生活卫生用品（茶水、茶杯、毛巾等）。

## 六、会场布置

会场布置主要包括会场座位格局安排、主席台布置和会场装饰三部分。

1．会场座位格局安排

会场大小和与会人数是制约会场座位格局安排的两个重要因素，应根据主席台就座人数和代表人数以及会场内必需的活动空间和安全性因素，确定座位的疏密程度和结构形状。会场座位格局大体上分为礼堂式（或称剧院式）、教室式（或称课堂式）、全围式、半围式和分散式几种，如图2-9～图2-13所示。

图2-9　礼堂式

图2-10　教室式

图2-11　全围式

图2-12　半围式

图2-13　分散式

2．主席台布置

由于主席台是会场的中心，众人瞩目，因此主席台布置在整个会场布置工作中非常重要，应高度重视。主席台布置包括主席台的座位格局、主席台座次和讲台布置，如图2-14所示。

图2-14　主席台布置

3．会场装饰

会场装饰是指运用文字、图案、色彩和实物等装饰物烘托会场气氛的手段。其最主要的作用是能够增强会议的功能、实现会议的目标。会场装饰包括背景板、会标、会徽、标语、旗帜、鲜花绿植、灯光等，如图2-15所示。

图2-15　会场装饰

## 七、会议现场服务

1．会议报到

会期较短、无须集中接待的会议，一般只须办理签到手续，在会场门口的签到表上签字并填写相关信息即可。但如果是会期较长、具体活动较多、需要集中接待的会议，不仅在会议前要求与会者签到，还要求办理报到手续。报到过程中，要查验与会者证件、核对信息、缴纳费用、发放资料、安排住宿、引领入场等。

2．现场秩序管理

由于会议前已经制订了详细的工作方案，并进行了认真的准备，因此，在会议现场组织者只须掌控现场秩序与效果，应对各种应急事件并对会议过程中可能出现的人员、场地、设备、资料、安全等问题进行恰当的处理。因此，需要制订会议应急预案，并在会前召开专门的筹备检查会，重点讨论会议中可能出现的紧急情况和危机。

## 八、款项结算

会议结束后，需要与会场、酒店住宿部门、餐饮部门、旅游服务商、设备租赁公司等相关方面做好款项结算工作。其中最主要的内容是与酒店住宿部门和餐饮部门的结算。在会议期间，组织者要做好每一笔账款的记录，每日晚间与酒店住宿部门核对住房人数，与餐饮部门核对就餐人数，并签字确认。

## 九、整理资料

会后，服务方要收集、整理会议过程中的各种资料，并根据客户要求，制作会议通讯录或花名册，整理发言人的演讲稿、会议纪要、合影等文字、照片、视频类资料，并寄发给与会者。

## 十、会议评估与总结

会议一旦结束，就应该及时进行评估。通过科学的评估，会议服务方可以检查会议目标是否实现，了解与会者是否满意，明确会议的成功与不足之处，并为写会议的总结报告准备材料。评估可以通过向与会者、发言人等发放调查问卷来进行，也可以邀请部分调查对象集中或分别面谈。评估的内容包括以下几项：

（1）会议议程及内容，如会议主题、议题是否恰当，议程安排是否合理，发言人选择是否得当。

（2）会议各项活动，如会议的欢迎宴会、欢送宴会是否得当，参观访问或游览活动安排是否满意，会议附设展览活动是否合适。

（3）会议场所设施、服务与环境，如会议场所的音响效果、温度、湿度、照明度、同声传译设备的质量、住宿餐饮的质量、环境质量等。

（4）会议宣传促销与接待工作，如会议宣传工作的成效、接待工作的质量等。

在会议评估的基础上，会议服务方对会议各方面工作进行总结，最终形成会议总结报告，并进行媒体宣传或发送给与会者。

## 十一、客户维护

会议结束后，会议服务方还要通过电话、E-mail、信件等方式，感谢各方面对会议的帮助和支持。首先，要感谢与会者的参会。其次，要感谢会议嘉宾、主持人、发言人、演讲者的与会，感谢政府有关部门的支持，感谢协办单位、赞助单位的支持，感谢其他单位或其他个人的支持。

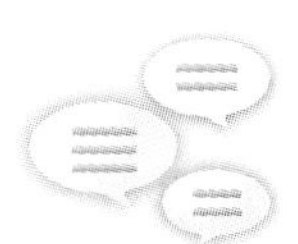

## 任务实施

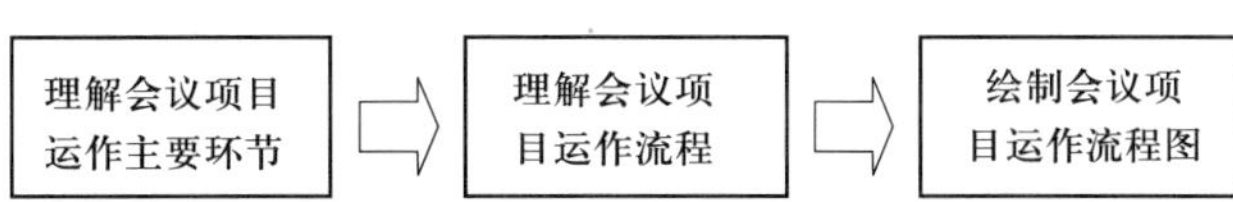

第二单元

### 步骤一：理解会议项目运作主要环节

请根据你的学习和理解，按照表2-7整理会议项目运作主要工作环节的内容。

表2-7 会议项目运作主要环节

| 主要环节 | 环节内容 |
| --- | --- |
| 会议服务推介 | |
| 场地选择与考察 | |
| 会议服务承办合同 | |
| 会议配套服务 | |
| 会前准备 | |
| 会场布置 | |
| 会议现场服务 | |
| 款项结算 | |
| 整理资料 | |
| 会议评估与总结 | |
| 客户维护 | |

### 步骤二：理解会议项目运作流程

请将以上会议项目主要工作环节按时间先后进行排序，并按项目所处阶段进行划分，见表2-8。

表2-8 会议项目运作四阶段

| 会议项目所处阶段 | 工作内容 |
| --- | --- |
| 项目启动阶段 | |
| 项目准备阶段 | |
| 项目现场阶段 | |
| 项目后续阶段 | |

### 步骤三：绘制会议项目运作流程图

1．请根据步骤一和步骤二的学习，尝试绘制会议项目运作流程图（见图2-16）。

2．请登录2016年天津夏季达沃斯论坛的官方网站（www.tj-summerdavos.cn），查阅各版块内容，熟悉达沃斯的各项活动和服务。

3．请登录亚洲天然气大会的官方网站（www.cdmc.org.cn/2014/agc/cn），查阅各版块内容，并与夏季达沃斯论坛进行比较，分析企业主办的会议与政府主办的会议在运作流程上有什么不同。

4．请从毕业生论坛组织者的角度，模拟论坛的项目运作流程。

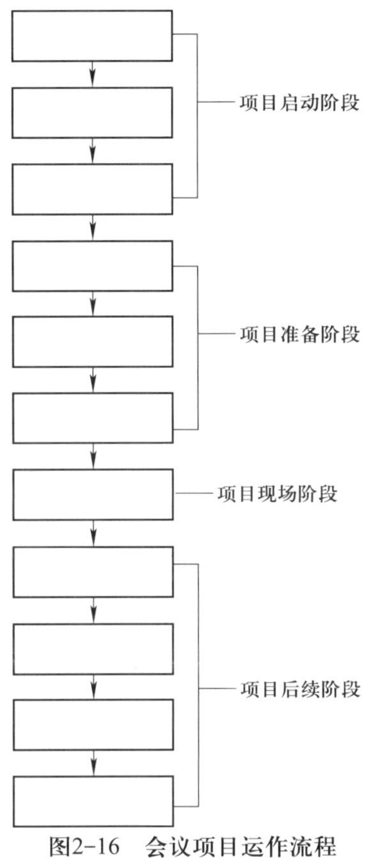


图2-16　会议项目运作流程

可以采用小组讨论、角色扮演的形式，以小组为单位来展示学习成果。

## 学习评价

- 能准确、快速地说明会议项目的主要工作环节，并全面、准确地说明各环节的主要内容。
- 能准确、快速地整理会议项目主要环节的时间顺序。
- 能按要求准确、清晰地绘制会议项目流程图。
- 能按要求自然、流畅地模拟会议的项目运作流程。

## 任务小结

在本任务中，我们学习了以下内容：

1．如何准确、快速地说明会议项目的主要工作环节及其内容。

2．如何准确、快速地整理会议项目主要环节的时间顺序。

3．如何准确、清晰地绘制会议项目流程图。

4．如何自然、流畅地模拟会议的项目运作流程。

## 检测与练习

一、填空

1．会议服务公司提供的服务内容包括__________、__________、__________等。

2．会议考察的内容包括__________、__________、__________、__________等。

3．会议配套服务包括__________、__________、__________等。

4．按通知的性质，会议通知可分为__________和__________。

5．会议证件包括__________和__________两大类。

二、判断

1．预备通知先于正式通知发出，其作用主要是请与会者事先做好参加会议的准备。（　　）

2．会场布置主要包括座位格局安排和会场装饰两个部分。（　　）

3．会期较短、无须集中接待的会议，不用办理报到手续。（　　）

4．会议评估的内容包括会议议程及内容、各项活动、会场设施服务环境以及会议宣传与接待工作。（　　）

5．会议结束后，不需要进行客户维护。（　　）

## 任务拓展

### 一、会议服务承办合同

请登录搜索引擎，输入关键字"会议服务承办合同"或"会议服务协议书"，查看两份不同的合同，并整理其主要条款。

### 二、举办国际会议申请及其审批

在中国，官方机构举办或参与主办高规格的国际会议，需要通过行政审查批准。高规格的国际会议，即便是由商业机构策划或操作，只要主题是关乎国内外重大问题的，或商请的主办方涉及党政机关、人大、政协或人民团体的（一般指工会、共青团、妇联、科协、侨联、台联、青联、工商联8个团体），邀约出席会议的国外嘉宾属于国际政商学界著名人物的（如各国前政要），邀约与会的代表中境外人士比较多的，都需要报经政府有关部门审查批准。

目前，负责审批国际会议的政府部门主要是外交部、教育部、科技部和财政部。其中，财政部参与审批，是因为许多国际会议的举办经费来自财政开支。经常举办国际会议的大型、知名学术机构如中国科学院、国家重点高校等，也按政府部门的要求，制定了审批国际会议的相应制度。

# 项目三　认知奖励旅游项目运作流程

广义的会展除了展览与会议，还包括奖励旅游和节事活动。根据国际奖励旅游管理者协会的定义，奖励旅游的目的是协助企业达到特定的目标，并对达到该目标的参与人员，给予一个尽情享受、难以忘怀的旅游假期作为奖励。其种类包括商务会议旅游和海外教育训练，用来奖励对公司运营及业绩增长有功人员。那么，怎样的旅游才算是一次成功的奖励旅游呢？

本项目是把握会展项目流程的第三步——认知奖励旅游项目运作流程。

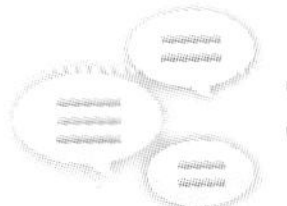

## 项目介绍

你已掌握展览项目和会议项目的运作流程，但是，现在你要转换角色，成为一家奖励旅游公司或旅行社会奖部门的员工，为客户提供其所需要的旅游服务。

在本项目中，你将从客户需求出发，把握奖励旅游方案的内容，并分析奖励旅游项目运作流程。

本项目共分为两个任务：

项目三　认知奖励旅游项目运作流程 → 任务一　理解奖励旅游项目方案；任务二　分析奖励旅游项目运作流程

## 背景知识

### 一、国际奖励旅游管理者协会

国际奖励旅游管理者协会（Society for Incentive Travel Excellence，SITE）是目前国际上奖励旅游行业最知名的国际性、非营利性的专业协会，成立于1973年，总部在美国，聚集了全球92个国家和地区的2200名会员，在34个国家和地区设有分会，享有“世界会奖旅游业的奥运会”的美誉。其会员包括航空公司、游轮公司、目的地管理公司（DMC）、顾问、酒店和度假地、奖励旅游公司、旅游局、会议中心、旅游批发商、研究机构、景点、餐馆、供应商等。

由于SITE在奖励旅游行业中的专业性及行业影响力，每次年会的举办都给会议举办地带来了积极的影响，不但提升了会议举办地在国际旅游业界的知名度，同时促进了当地奖励旅游从业者与国际同行的交流，带来了许多潜在的商机。因此，SITE全球年会成为SITE会员争相申办的目标。2012年，北京成功举办了SITE全球年会，图2-17为其宣传册。

图2-17　SITE北京年会宣传册

## 二、知名奖励旅游组织者

目前，国内企业奖励旅游做得还很少，大多数还都集中在外资企业以及保险、直销等行业。

随着奖励旅游需求的扩大，各大旅行社纷纷成立会奖部门或会议展览公司，专门为有需要的客户提供会展旅游、商务考察、活动管理等服务，如中旅国际会议展览有限公司（CTS MICE Service Co.,Ltd.）、中青旅国际会议展览有限公司（China CYTS MICE Service Co.,Ltd.）、国旅国际会议展览有限公司（CITS International MICE Co.,Ltd.）。

## 三、成熟的国际奖励旅游目的地

由于奖励旅游与普通旅游存在区别，并不是任何一个传统旅游目的地都可以成为适合的奖励旅游目的地。从国际上来看，澳大利亚多次被评为最佳商务旅游目的地，并开设有专门的商务会奖网站www.businessevents.australia.cn（见图2-18）。在中国，杭州凭借近年来在会议与奖励旅游方面的快速发展，在与北京和厦门的竞争中脱颖而出，被评为2014年度最佳奖励旅游目的地，并于2015年设立杭州市商务会展旅游促进中心（见图2-19），专门承担杭州市会展、奖励旅游和商务旅游产业发展促进工作。

图2-18　澳大利亚商务会奖网站

图2-19　杭州市商务会展旅游促进中心

## 任务一　理解奖励旅游项目方案

### 任务描述

某大型汽车企业为了激励员工，充分调动他们的工作热情，提高员工满意度，决定为年度优秀员工组织一次境外旅游进行奖励。现委托中青旅国际会议展览有限公司进行行程规划和路线设计。

奖励旅游并非一般的员工旅游，而是企业雇主提供一定的经费，委托专业旅游服务商精心设计的"非比寻常"的旅游活动，作为对员工的奖励，从而进一步调动员工的积极性，增强企业的凝聚力。请你收集相关信息，并了解奖励旅游方案的基本内容。

想一想

1. 能否直接进行线路设计和行程规划？
2. 需要提前了解什么信息？
3. 奖励旅游策划方案里应包括哪些内容？
4. 什么样的旅游才是真正让客户满意的旅游？

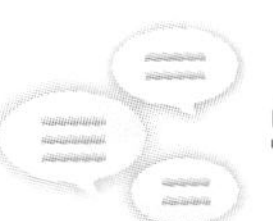

### 学习目标

1. 能理解奖励旅游项目策划方案的各项内容。
2. 能根据奖励旅游项目方案，逆向分析客户的要求，并说明方案的优劣。

### 知识储备

在实施工作之前，你应该知道以下知识：

#### 一、奖励旅游的实质目的

奖励旅游以规模大、时间长、档次高和利润丰厚等突出优势，被认为是高端旅游市场中含金量最高的部分，全球每年大约有350万人进行奖励旅游。自然，这样的旅游产品比的不是价格，而是感觉和创意。大部分公司进行奖励旅游的目的在于激励优秀员工和优质客户，加强企业的团队建设。

此外，一次较大规模的奖励旅游还是企业的一次市场宣传活动，如在一架奖励旅游的包机上印上醒目的企业标志，或包场某一著名的旅游景点。到时，人们首先关注的将会是举办这场奖励旅游的企业，而非那些被奖励的个人。无形之中，这成为企业展现自身实力、宣传企业形象的又一大好时机。比如，2015年5月，中国的天狮集团组织近6500名员工进行法国四日游（见图2-20），在巴黎定下了140家酒店，总支出达1300万欧元，震惊了整个欧洲。

图2-20 天狮集团6500人游法国



因此，从本质上说，奖励旅游是现代企业的一种管理手段和激励措施。它的真正目的是树立企业形象，宣扬企业的理念，并求最终能达到提高企业的业绩、促进企业未来的发展的目的。

## 二、奖励旅游的要求

要做好奖励旅游，需要做到以下几点：

（1）要体现高档次。开展奖励旅游的企业绝不允许将奖励旅游者当作普通旅游者来接待。所以，在交通、住宿、餐饮、接待、游览、娱乐等各方面都要体现出高档次的特点。

（2）要有创造性。奖励旅游是一种创造性的旅游活动，它必须创造与众不同的体验才能给奖励旅游者留下难忘的经历。奖励旅游并非简单地提高接待标准的豪华旅游，而是融入了企业管理目标的具有创意的旅游形式。奖励旅游必须为整个活动设计一个具有一定创意的主题，并在这一主题下，把各个旅游要素有机地组合在一起，从而满足奖励旅游者的需求和实现企业的奖励目的。

（3）要融入文化性。奖励旅游要为企业提供专业化的旅游产品，将企业文化与理念尽可能地融合到奖励旅游活动的计划和内容中去，并随着奖励旅游的开展，逐渐体现出来。奖励旅游活动的安排是与公司的企业文化相适应的，旅游中充满着富有浓厚人情味和文化气息的活动项目，具有鲜明的企业文化特征。

（4）强调团员的参与性。奖励旅游通常不只是旅游，而是包括了一系列活动，如颁奖典礼、主题晚宴、企业会议、赠送贴心小礼物等，还经常有企业高层人物出面作陪，与受奖者共商企业发展大计等。不同的主题活动，尤其是参与性的活动项目，不仅可使旅游活动变得更加丰富多彩，而且可以加强团队的凝聚力。

## 三、线路规划

奖励旅游线路设计是旅行社根据企业的特点和要求，结合旅游资源和接待服务的实际情况，专门为企业量身定做的包括整个旅游过程中全部旅游项目内容和服务的旅游浏览路线。奖励旅游不同于普通旅游，线路设计一定要包含一般游客所无法体验到的游玩项目，给旅游者带来无与伦比的独特体验。它主要包括以下内容：①奖励旅游活动名称；②奖励对象；③旅游活动主题；④旅游目的地；⑤活动时间；⑥行程设计与规划；⑦个性化安排。

## 四、活动预算

奖励旅游与其他旅游项目的区别之一就表现在预算上。不同于普通的包价向旅游服务商购买现成的旅游产品，奖励旅游要求旅游服务商依企业能承担并愿意承担的费用，根据企业的特殊需求，设计出令其满意的奖励旅游产品。而这些企业用于当次奖励旅游的经费，一般不会有较大的实质性变动。旅游服务商要发挥自己的主观能动性，依企业经费的多少，在主题活动、出游时间上做相应调整，才能真正实现奖励旅游活动的目的。

# 任务实施

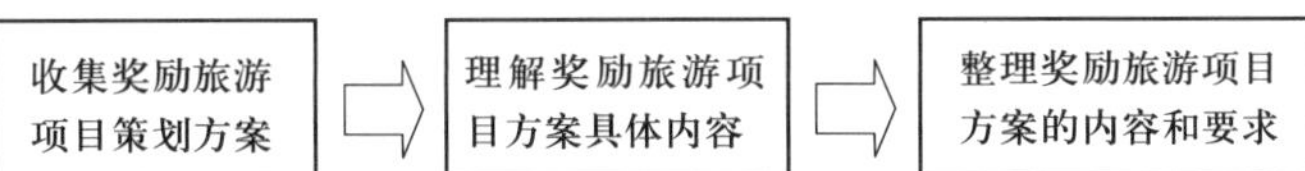


### 步骤一：收集奖励旅游项目策划方案

请参照表2-9中的奖励旅游策划方案目录，通过互联网收集两个不同奖励旅游项目的策划方案。

在利用搜索引擎收集方案时，可输入关键字“奖励旅游策划方案”，也可以输入“奖励旅游策划书”“会奖旅游策划案”等。

表2-9　奖励旅游策划方案目录

| 一、此次奖励旅游的实质目的分析<br>二、客户的企业特性与背景分析<br>三、行程的特殊要求分析<br>四、本次奖励旅游的细致规划<br>1．奖励旅游活动名称<br>2．奖励旅游主题<br>3．旅游目的地<br>4．活动时间<br>5．执行人员及工作分配<br>6．行程设计与规划<br>7．个性化安排<br>五、线路评价与分析<br>六、活动预算<br>七、与客户保持密切的售后关系 |
|---|

### 步骤二：理解奖励旅游项目方案具体内容

1．请阅读你收集的两份奖励旅游项目策划方案，找出旅游活动的基本信息：企业名称、旅游服务商名称、奖励对象、活动主题、旅游目的地、活动时间、线路规划、活动预算等。

2．请比较两份奖励旅游项目策划方案的内容有哪些不同之处。

### 步骤三：整理奖励旅游项目方案的内容和要求

1．请根据你的学习和理解，整理出奖励旅游项目方案的内容。

2．请尝试复述奖励旅游项目方案的内容。

3．请根据企业和旅游者的性质和要求，分析哪份方案的活动策划更符合客户需求，并说明另一份方案的不足之处。

可以采用小组讨论、制作PPT的形式，以小组为单位来展示学习成果。

## 学习评价

- 能合理、熟练地使用互联网，收集奖励旅游策划方案。
- 能按要求从奖励旅游策划方案中快速、准确地提炼奖励旅游信息。
- 能根据奖励旅游活动信息，准确分析奖励旅游策划方案的异同。
- 能准确、全面地整理和复述奖励旅游项目方案的内容。
- 能按要求分析奖励旅游项目方案的优劣。

## 任务小结

在本任务中，我们学习了以下内容：

1．如何快速、有效地收集奖励旅游策划方案。

2．如何快速、准确地从策划方案中提炼奖励旅游信息。

3．如何比较不同的奖励旅游策划方案，并准确地分析其异同。

4．如何全面地整理奖励旅游项目方案的内容，并准确复述。

## 检测与练习

一、填空

1．奖励旅游的优势有__________、__________、__________、__________等。

2．奖励旅游的要求包括__________、__________、__________、__________。

3．线路规划包括__________、__________、__________、__________等。

4．奖励旅游的高档次体现在__________、__________、__________、__________等方面。

二、判断

1．国际奖励旅游管理者协会是营利性质的专业协会。（　）

2．从本质上说，奖励旅游是现代企业的一种管理手段和激励措施。（　）

3．奖励旅游就是简单地提高接待标准的豪华旅游。（　）

4．奖励旅游只能有一种形式和一个旅游目的地。（　）

5．奖励旅游通常不只是旅游，而是包括了一系列活动。 （ ）

## 任务拓展

1．上网搜索“大众汽车有限公司奖励旅游”，分析旅游服务商为大众公司经销商、公司中层管理人员以及普通员工三类对象设计的奖励旅游有什么不同？为什么？

2．登录澳大利亚商务会奖网站www.businessevents.australia.cn，浏览奖励旅游优秀案例，分析其成功之处。

# 任务二　分析奖励旅游项目运作流程

## 任务描述

从奖励旅游服务提供方的角度来讲，旅行社、航空公司会奖部、专业奖励旅游公司等都能够进行相关业务，且各有资源优势。但无论是哪一类服务商，都必须首先获得客户需求。请结合你的了解和实践，梳理出奖励旅游项目的运作流程。

**想一想**

1．怎么知道哪些企业有奖励旅游的计划？

2．在设计奖励旅游线路前，需要了解哪些信息？

3．怎样才能使自己的策划方案得到客户的认可？

4．奖励旅游过程中需要注意些什么？

5．旅游结束后还需要做些什么？

## 学习目标

1．能说明奖励旅游项目运作的主要环节。

2．能理解奖励旅游项目运作流程，并绘制奖励旅游项目运作流程图。

## 知识储备

在实施工作之前，你应该知道以下知识：

### 一、了解客户需求

并不是所有的旅行社都具备开发奖励旅游项目的条件，如何推出更具特色、更具吸引力的旅游线路与服务项目，如何使行程顺利进行等是成功与否的关键。这就需要首先了解客户需求。

第二单元

1．了解客户的企业性质与背景

了解客户的企业性质与背景，是提供令客户满意产品与服务的基础。主要内容包括：重视个人隐私或是希望受到团体注目、喜好团体热闹或是注重个人享受等，不同类型的客户有不同的内容规划。

2．了解客户奖励旅游的目的

每个客户进行奖励旅游的目的不一样，有的是激励优秀员工，提高工作效率，培养团队精神；有的是答谢经销商或大客户，增加忠诚度；还有的是款待股东和董事，促进生产力。因此，奖励旅游可以是商务会议旅游、海外教育训练等多种形式且有多个旅游目的地。

3．了解客户奖励旅游的主题

每次奖励旅游都会有一个主题，尤其在旅游目的地有众多的观光胜地、文化景点、观光活动可供选择时，表现得更为突出。在此种状况下，旅行服务商应建议企业选择数个景点以符合奖励旅游主题。以香港为目的地为例，有美食文化之旅、流行风尚之旅、安逸悠闲之旅、活力运动之旅等主题旅程可供选择。倘若目的地的景点较少，可选择该地较具代表性、特色的行程，以目的地名称为主题，更具纪念性。

4．了解客户奖励旅游的目标人数

旅游人数直接决定了预算和交通、住宿、餐饮等各项安排，只有确定了具体人数，才能提前预订。

5．了解客户对行程的特殊要求

不同的企业，会因其自身的特殊情况，对奖励旅游的行程提出特殊要求，旅游服务商最忌讳提供千篇一律的产品。这就迫使旅游服务商注意企业的特殊要求以及注重组团的特殊之处，如人数众多团体、特殊的饮食要求、主题晚会或惊喜派对的安排等，均须事前与客户进行充分沟通。

6．了解客户的预算分配

依客户所能承担的经费来进行财务分配，在奖励旅游活动次数、主题活动、出游时间上做相应调整，并据此进行适当的财务分配以及有效掌控，应特别注意的是，处理好增加旅游服务商利润与将钱更多地用在活动上的关系，是旅游服务商任务安排的财政基础。可遵循两个原则：①报价要令客户满意；②旅游服务商可获得足够的经济收益。

## 二、制订活动方案

制订奖励旅游活动方案时，应做好以下几项工作：

（1）明确线路名称。

（2）策划旅游线路。

（3）计划活动日程。

（4）选择交通方式。

（5）安排住宿餐饮。

（6）留出购物时间。

（7）策划娱乐活动。

在规划线路时，应注意国际上奖励旅游出现的新趋势，如参与性奖励旅游的崛起、奖励旅游的会议旅游倾向、带家属参与等，以使设计与规划的行程活动更具创意与竞争力。

在选择奖励旅游目的地方面，应该综合考虑距离远近、可抵达性，当地是否拥有相对稳定的社会政治经济环境，当地的消费水平及物价水平如何，是否拥有好的奖励旅游发展历史，当地的奖励旅游设施及当地公司在专业性及服务质量方面如何等。

比如，2013年7月，在悉尼举办的大型亚洲会奖活动——完美（中国）2013年“完美澳大利亚研讨会”，除了在悉尼会展中心举办的领导力研讨会外，还为他们安排了许多特别活动：访问托布鲁克农场和达令港、攀爬悉尼海港大桥、向库克船长游轮公司租赁私人游船，畅享港口巡游体验等。托布鲁克农场在该团队为期六天的观光期间被租用为专用场地。每天都有500名团队成员从距离此地仅1小时车程的悉尼市中心到达农场。骑着马、挥着马鞭的饲养员将这些团队成员从农场大门引入农庄。然后，一系列精彩的表演节目轮番登场，包括剪羊毛秀、丹波面包和比利茶的制作表演、乡村舞蹈以及赶羊表演。团队成员以小组为单位进行活动，这样确保了每个人都能零距离接触可爱的考拉和其他各类农场小动物。另外，农场上还支起了一顶大型帐篷，里面摆满了各式各样的当地农产品和纪念品，以供团队成员浏览与购买。而达令港则为团队成员带来了另一种令人难忘的体验，其广阔的公共活动场所四周围上了警戒线，代表团的3000名成员在这里观看了一系列水上会演，包括喷气式快艇、豪华汽艇、烟火表演和杂技表演等。

活动接近尾声时，还在悉尼会展中心的两个大厅举办了一场规模盛大的活动晚宴。大厅中闪烁着色彩艳丽、明亮夺目的彩灯，室内的墙壁上投影着一些标志性景点，如大堡礁、卡卡杜、大雪山以及悉尼港。五个大型舞台与一个空中走道为人们呈现了各种精彩绝伦的表演节目，同时还可以欣赏到绚丽夺目的烟火表演。

### 三、决定执行人员与工作分配

一次奖励旅游活动的完成，是各个部门团结协作、共同努力的结果。需要根据活动的具体情况，如参加旅游的人数多少、旅游线路的规划等，决定相应的执行人员及工作分配，以便分工协作，职责明确地分头进行准备。

### 四、企业内部动员与宣传

奖励旅游的目的是激励优秀员工、经销商或客户，因此，在旅游前，要在企业内部进行动员和宣传，明确旅游的内容和参加旅游人员的选择标准，激发他们参与其中的热情和愿望。动员和宣传方式可以根据企业的具体情况来安排，如员工大会、宣传海报、目的地宣传册、邮件宣传等。

### 五、奖励旅游活动执行

奖励旅游进行过程中，旅游服务商通常会派专员跟队，负责全程的协调，通常包括导游人员的管理、旅游行程的协调、旅游服务的协调和纠纷的处理等。如果有一些无法预知的意外发生，打乱方案的行程就在所难免，如意外天气、交通事故、时间路线变更、旅游者意外事件等，这就要求临时对行程做一定的修改，以保证此次活动能够顺利进行。因此，组织人员应具有较高的随机应变能力和较高的专业素质，拥有相当丰富的经验，这样才能不动声色地解决问题，并争取达到或超过预期的效果。

### 六、奖励旅游效果评估

奖励旅游有持续性与稳定性的特点，即存在奖励旅游需求的企业在形成一定惯例后，每年都会进行若干次的奖励旅游活动。因此，旅游服务商要在激烈的竞争中立于不败之地，拥有稳定的客户资源，并在此基础上不断地拓展客户群，旅游服务商在奖励旅游活动结束后进行效果评估是一个必要举措。评估结果直接影响到旅游服务商与企业两者合作关系的持续问题。可以通过征询企业意见、对旅游者进行问卷调查等形式进行效果评估。

## 七、客户关系维护

奖励旅游活动结束后，旅游服务商还要注意与客户的联系。只有做好售后服务，才能巩固与扩大客源。具体的做法应从两方面着手：①针对企业，主要对象是奖励旅游决策者；②针对个人，主要对象是受奖励员工、经销商等。

### 1. 针对企业

旅游服务商可以举办企业招待会，和企业奖励旅游决策者进行面对面的接触，共同交流奖励旅游的经历，同时介绍自己有关奖励旅游的行程、路线、活动设计、服务、经典案例等，从而促进彼此之间的联系。还可以通过举办野餐会、联谊会、舞会、赞助当地重要节日庆典、举办旅游摄影比赛等，通过新闻媒体，扩大自己的奖励旅游服务与产品知名度。

### 2. 针对个人

旅游服务商可以编制一些有一定的使用价值、能较长时间保存的精美印刷品，如挂历、台历、画册、书签等，印上旅游服务商醒目的社徽、通信地址及方法，发放给旅游者。另外，还可以给旅游者准备一些其他的纪念品，如带有旅游服务商标志的玩偶、钢笔、记事本、雨伞等，给个人一个意外的惊喜，加深印象。

当遇到节日，尤其是旅游者生日时，旅游服务商应对受奖励个人表示祝贺，这样可以加强彼此间的联系。因此，应收集有关受奖励个人的资料，建立档案，尤其是其受奖励次数。当达到一定次数时，旅游服务商应有适当表示，如赠送特殊奖品、做特殊声明等，这不仅对其个人是一种激励，也会令他人有所期待。

## 任务实施

理解奖励旅游项目运作主要环节 ⇨ 理解奖励旅游项目运作流程 ⇨ 绘制奖励旅游项目运作流程图

### 步骤一：理解奖励旅游项目运作主要环节

请根据你的学习和理解，按照表2-10整理奖励旅游项目运作主要环节的内容。

表2-10　奖励旅游项目运作主要环节

| 主要环节 | 环节内容 |
|---|---|
| 了解客户需求 | |
| 制订旅游活动方案 | |
| 决定执行人员与工作分配 | |
| 企业内部动员与宣传 | |
| 奖励旅游活动执行 | |
| 奖励旅游效果评估 | |
| 客户关系维护 | |

### 步骤二：理解奖励旅游项目运作流程

请将以上奖励旅游项目主要工作环节按时间先后进行排序，并按项目所处阶段进行划分，见表2-11。

表2-11　奖励旅游项目运作四阶段

| 奖励旅游项目所处阶段 | 工 作 内 容 |
|---|---|
| 项目启动阶段 | |
| 项目准备阶段 | |
| 项目现场阶段 | |
| 项目后续阶段 | |

### 步骤三：绘制奖励旅游项目运作流程图

1．请根据步骤一和步骤二的学习，尝试绘制奖励旅游项目运作流程图，如图2-21所示。

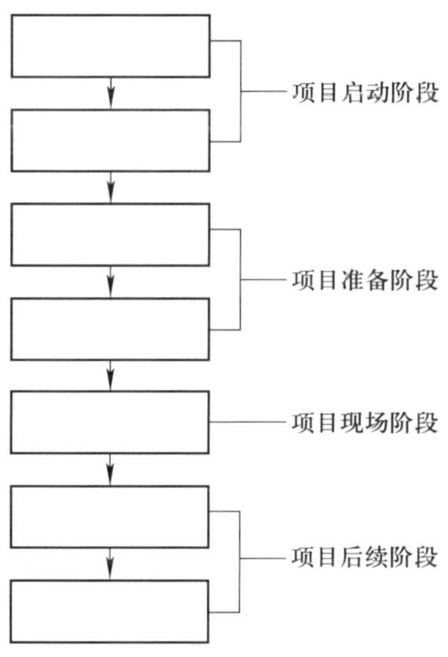


图2-21　奖励旅游项目运作流程

2．请从旅游服务商的角度，模拟为大众汽车有限公司提供奖励旅游的项目运作流程。

可以采用小组讨论、角色扮演的形式，以小组为单位来展示学习成果。

## 学习评价

- 能准确、快速地说明奖励旅游项目的主要工作环节，并全面、准确地说明各环节的主要内容。
- 能准确、快速地整理奖励旅游项目主要环节的时间顺序。
- 能按要求准确、清晰地绘制奖励旅游项目流程图。
- 能按要求自然、流畅地模拟奖励旅游的项目运作流程。

第二单元

## 任务小结

在本任务中，我们学习了以下内容：

1．如何准确、快速地说明奖励旅游项目主要工作环节及其内容。

2．如何准确、快速地整理奖励旅游项目主要环节的时间顺序。

3．如何准确、清晰地绘制奖励旅游项目流程图。

4．如何自然、流畅地模拟奖励旅游的项目运作流程。

## 检测与练习

一、填空

1．了解客户需求包括了解__________、__________、__________、__________等。

2．奖励旅游在企业内部进行宣传可以采取__________、__________、__________、__________等形式。

3．奖励旅游客户关系维护包括__________和__________两方面。

4．奖励旅游报价的原则是__________和__________。

5．制订奖励旅游方案时，应注意__________、__________、__________等。

二、判断

1．了解客户的企业特性与背景，是提供令客户满意产品与服务的基础。（　　）

2．每个客户进行奖励旅游的目的是不一样的。（　　）

3．奖励旅游应有一个主题，不能随意而行。（　　）

4．国际上奖励旅游出现的新趋势对规划线路没有影响。（　　）

5．评估结果不影响旅游服务商与企业两者合作关系的持续。（　　）

## 任务拓展

### 一、奖励旅游招投标

随着经济的发展和市场制度的完善，奖励旅游操作也越来越规范，许多公司通过招标形式来寻找合适的旅游服务商。

上网搜索“奖励旅游招标”，了解奖励旅游招标书或招标公告的主要内容，并尝试以小组为单位撰写投标书，为其提供奖励旅游服务方案。

### 二、国内外奖励旅游市场差异

根据奖励旅游经理人协会的统计，奖励旅游在美国的前十位使用客户群所在行业分别为保险业、汽车零配件业、电器业、汽车业、空调机业、农场设备业、办公设备业、器具器材业、建筑业和化妆用品业。而中国的奖励旅游用户主要为保险公司、医药公司、IT公司、电子公司、直销公司以及婴儿用品公司。

# 项目四　认知节事活动项目运作流程

节事活动作为会展的一部分，除了具有会展活动的一般性，还具有自身的一些特性，如文化性、地域性、时效性等。从目的来说，节事活动是为了达到节日庆祝、文化娱乐和市场营销的目的，提高举办地的知名度和美誉度，树立举办地的良好形象，促进当地旅游业的发展，并以此带动区域经济的发展。那么，什么样的活动才算是一次成功的节事活动呢？

本项目是把握会展项目流程的最后一步——认知节事活动项目运作流程。

## 项目介绍

当前，节事活动有民间主办和政府主办两种主办形式，一般而言，具有民族文化传承意义的节庆由政府主办的相对较多，因为政府承担着主导传承传统文化和发展文化产业的职责。而行业类、娱乐类等节庆多由协会或企业主办。

在本项目中，你将结合潍坊国际风筝节的相关资料和信息，把握节事活动方案的内容，并分析节事活动项目运作流程。

本项目共分为两个任务：

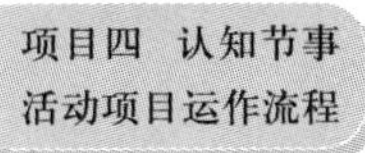

## 背景知识

### 一、节事活动组织者——纽约市旅游会展局

纽约市旅游会展局（NYC & Company）是纽约市官方的旅游营销组织。它的目标之一是协调或协助大型推广活动，如餐饮之周、城市彩绘、文化节、帆船演出、百老汇演出、纽约马拉松等，为争取举办重要节事活动提供了帮助和资源，如申办2012年奥运会、格莱美奖、MTV颁奖典礼等。

图2-22为纽约春节花车巡游节。

图2-22　纽约春节花车巡游节

## 二、传统节事活动——傣族泼水节

泼水节（见图2-23）是傣族最隆重的节日，也是云南少数民族节日中影响面最大、参加人数最多的节日。傣族泼水节一般在四月中旬举行。第一天为“麦日”，类似于农历除夕，傣语叫“宛多尚罕”，意思是送旧。此时人们要收拾房屋，打扫卫生，准备年饭和节间的各种活动。第二天称为“恼日”，“恼”意为“空”，按习惯这一日既不属前一年，也不属后一年，故为“空日”；第三天是傣历的元旦，叫“麦帕雅晚玛”，人们习惯把这一天视为“日子之王来临”；第四天是傣历新年，叫“叭网玛”，敬为岁首，人们把这一天视为最美好、最吉祥的日子。节日清晨，傣族男女老少穿上节日盛装，挑着清水，先到佛寺浴佛，然后开始互相泼水，互祝吉祥、幸福、健康。人们一边翩翩起舞，一边呼喊“水！水！水！”，鼓锣之声响彻云霄，祝福的水花到处飞溅，场面真是十分壮观。泼水节的内容，除了泼水，还有赶摆、赛龙舟、浴佛、诵经、跳孔雀舞、丢包、放高升、放孔明灯等。

图2-23　傣族泼水节

## 三、现代节事活动——中国海南岛欢乐节

首届中国海南岛欢乐节（见图2-24）由国家旅游局、海南省人民政府于2000年起，于每年11月或12月举办，截至2015年年底，已成功举办16届。现在，一年一届的中国海南岛欢乐节已

经成为海南一张具有国际影响力的旅游文化名片，更是海南国际旅游岛标志性旅游节庆活动。它既是全民同乐的盛大节日，也是吸引游客的旅游产品，更是展现海南软实力的重要平台。

中国海南岛欢乐节围绕海南国际旅游岛建设发展目标，按照“政府主导，社会参与，市场运作，节俭办节，杜绝奢侈浪费”的原则，突出欢乐节的地域特色、文化特色、产品特色，丰富活动内涵，通过节庆活动聚集旅游人气，推动旅游业发展。以“宣传旅游新业态，营销旅游新产品，推出旅游新线路，创造旅游新效应”为目标，围绕“民俗游、节庆游、生态游、文化游、城市游”，融合购物、美食、艺术、生态、文化，把欢乐节办成具有鲜明海南特色和参与性强的旅游节庆品牌。

图2-24　中国海南岛欢乐节

## 任务一　理解节事活动项目方案

### 任务描述

潍坊国际风筝会于1984年4月创办，由国家体育总局、国际风筝联合会、潍坊市人民政府联合主办，截至2015年年底，已成功举办了32届。自2012年起，每年4月第三周的周六为潍坊国际风筝会开幕日。潍坊国际风筝会在国内率先创造了“风筝牵线，文体搭台，经贸唱戏”的办会宗旨，一种形式（风筝会）四种结合（文化、体育、旅游、经济），采用“政府主办，市场运作，社会参与”的办会方式，其内容越来越丰富，形式越来越新颖，市场化运作程度和市民的参与性越来越高，大大提升了潍坊的知名度和美誉度，使潍坊成为著名的“世界风筝都”和国际风筝联合会总部所在地，有力地促进了潍坊经济、文化、社会的发展和对外开放。

2014年第31届潍坊国际风筝会设计了风筝、文化、招商三大版块10多项重点活动。其中，风筝系列活动主要包括第31届潍坊国际风筝会开幕式暨万人风筝放飞表演、第10届世界风筝锦标赛、全国风筝分区选拔赛、潍坊风筝大赛、第4届中国（潍坊）夜光风筝邀请赛、“中国梦·劳动美”全市职工庆“五一”群众风筝放飞等。文化系列活动主要包括第4届中国画节·中国（潍坊）第7届文化艺术展示交易会、第7届中国（潍坊）风筝工艺美术博览会等。招商系列活动主要包括2014外交使节潍坊行、第31届潍坊国际风筝会蓝黄“两区”建设重点项目推介会、第2届中国软件工程发展趋势高峰论坛、潍坊市投资合作推介会、潍坊会展经济转型发展论坛等。

请你收集2015年第32届潍坊国际风筝会活动安排，与第31届潍坊国际风筝会进行比较，分析其活动安排的变化。

图2-25所示为2014年潍坊国际风筝会吉祥物小白马。

图2-25　2014年潍坊国际风筝会吉祥物小白马

1．为什么潍坊国际风筝节的官方名称是“风筝会”？

2．你觉得应该怎样延伸以地方特产为主题的节事活动的内涵？

3．潍坊国际风筝会的策划方案里应包括哪些内容？

4．什么样的旅游才是真正让客户满意的旅游？

## 学习目标

1．能理解节事活动项目策划方案的各项内容。

2．能根据节事活动项目方案，分析各项活动安排的作用，并说明方案的优劣。

## 知识储备

在实施工作之前，你应该知道以下知识：

### 一、节事活动运作模式

节事活动运作模式主要有以下几种：

#### 1．政府包办的模式

这种模式的特点是：政府在节事活动的举办过程中身兼数职，扮演着策划、导演、演员等众多角色。节事活动的主要内容由政府决定，活动场地、时间由政府选择，参加单位由政府行政指派。这种运作模式给政府带来很大的财政负担，而节事活动给旅游地、社会、当地民众带来的经济效益、社会效益等却大打折扣。

#### 2．各部委、局及协会主办或与政府、地区联合主办的模式

这种模式是目前许多专题旅游节事活动采用较多的模式，它具有政府包办模式的一些

特点，但也在不断地加入市场化运作的成分。

如桐庐富春江山水节，提出了“区域联动、行业联合、企业联手、产品联体”合力办节的模式，成功的商业化运作模式，突出的群众参与性，全民办节、全方位联动的方式，使桐庐富春江山水节成为提升当地旅游业发展水平的重要部分。

3．市场化运作模式

节事活动是一种经济活动，举办的重要目的之一就是获得良好的经济效益和市场效果。因此，无论是节事活动举办的需求还是供给方面，都应当遵循一定的市场规律，把节事活动纳入市场经济的轨道，进行市场化运作。可以说，市场化运作模式是节事活动走向市场化的最合理模式。采用市场化运作模式，有以下好处：①可以节约成本。在节事活动举办过程中，时间地点选择、广告宣传方式等方面完全按照市场的需求来做，可以大大地节约成本，避免因行政力量介入时造成不必要的浪费。②可以做到收益最大化。这里的收益包括参加活动的企事业单位的收益、政府的形象收益，也包括给当地带来的其他效益。

我国节事活动运作模式正在走向市场化，市场规律在节事活动举办中正在发挥越来越强的作用。例如，从2002年起，南宁国际民歌艺术节实行“政府办节，公司经营，社会参与”的运行机制。具体的运作思路是：实行民歌艺术节组委会领导下的专业公司经营与部门负责相结合的机制，提高资金运筹能力，减轻财政负担，最大限度地实现节庆的社会效益与经济效益相结合。

4．政府引导、社会参与、市场运作的模式

政府引导、社会参与、市场运作是一种比较适用于中国国情的节事活动运作模式，这种模式显现出来的优越性、带来的效益，正在越来越多地被各方面所认同。这种运作模式的特点是：政府仍旧是重要的主办单位，政府引导作用主要体现在确定节事活动的主题及名称，并以政府名义进行召集和对外宣传；社会参与就是充分调动社会各方面的力量来办好节事活动。社会力量主要体现在节事活动主题选择时的献计献策，节事环境氛围的营造，各项活动的积极参与等方面；而市场运作则是将节事活动的举办过程交给市场来运作。比如节事活动的冠名权、赞助商、广告宣传等方面，都可以采用市场竞争的方式，激励更多的企事业单位参加。这样做一方面可以为企事业单位扩大知名度，另一方面还可以节省大量开支。

青岛国际啤酒节、哈尔滨冰雪节、潍坊国际风筝会、广州国际美食节、南宁国际民歌节等几个国内著名的大型节事活动就是按照“政府引导、企业参加、市场运作”的模式来运作的。

## 二、节事活动组织机构

节事活动组织机构是指负责节事活动的组织、策划、招商、管理、运作等事宜的有关单位，包括主办单位、承办单位、协办单位、支持单位等。其中，主办单位拥有节事活动的举办权，并承担主要法律责任。承办单位直接负责活动的实际策划、组织、管理、运作，并承担主要财务责任。协办单位协助主办单位或承办单位的活动策划、组织、管理、运作以及招商、宣传和推广等工作。支持单位对主办单位或承办单位的活动策划、组织、管理、运作以及招商、宣传和推广等工作起支持作用。此外，节事活动还可能涉及营销策划公司、新闻媒体和其他相关组织。

以“中国萍乡武功山国际帐篷节暨江西之巅摇滚音乐会”为例，活动由萍乡武功山风景名胜区管理委员会主办，江西武功山实业有限公司及萍乡市登山协会大力承办，萍乡市鹰击长空体育文化传播有限公司协办，萍乡华美立家置业有限公司冠名，以及灵动山水营销顾问机构联合推广，并得到了来自新浪、搜狐、腾讯等业内外多家主流媒体的聚焦和报道。

图2-26为武功山国际帐篷节宣传海报。

图2-26 武功山国际帐篷节宣传海报

## 三、活动宣传

节事活动规模大，并不等于社会影响一定大。要让活动深入人心，切实提高品牌影响力，还要进行强有力的市场传播。当然，强有力的市场传播并非盲目宣传，而是要求传播的“有效性”。这就需要明确目标受众，找准宣传点，选择合适的宣传媒体，安排专门人员负责媒体的邀请、组织与接待，并及时跟媒体沟通，让媒体的宣传作用发挥到极致。另外，要综合运用各种宣传形式，对节事活动进行多角度的宣传。不同的宣传形式发挥的作用也不尽相同，比如新闻主要是吸引公众关注；形象广告用于塑造和提升节事品牌形象；活动广告主要发布活动信息；招商广告侧重于节事的赞助招商等。

## 四、活动赞助

在节事活动中，主办方可以为在节事活动中亮相的企业和单位提供一系列的赞助机会，包括冠名、指定供应商、背景板、场地广告、网络广告等。节事活动和赞助商之间是一种互惠的交换关系：赞助商为节事活动提供资金、场地、设备、基础设施、物资、服务、技术等多方面的支持，提高了活动的规模、档次，保证了活动的顺利举行。同时，节事活动凭借其影响力和吸引力，提高了赞助商的企业形象和品牌认知度，并增加了赞助商产品销售的潜在机会。

图2-27所示为可口可乐赞助第六届东亚运动会签约仪式。

图2-27 可口可乐赞助第六届东亚运动会签约仪式

## 五、人员分工与培训

节事活动的管理和控制是一项复杂的系统工程，涉及日常运营、组织管理、财务管理、人员管理等内容，需要各相关部门协同作战。因此，在活动举办前要召开协调会，对所有参与节事活动实施的部门和工作人员进行分工与培训，使每个人都深刻理解活动各环节的重要意义，以保障每个环节的顺利实施。另外，还要建立包括交通、食宿、安全、水电等各方面的后勤保障体系。

## 六、活动预算

由于节事活动涉及的部门众多，能否做好财务预算，是检验节事活动财务管理工作是否科学、规范的重要标志之一。节事活动收支大项见表2-12。

表2-12　节事活动收支大项示例

| 序　　号 | 收　　入 | 序　　号 | 支　　出 |
|---|---|---|---|
| 1 | 赞助 | 1 | 管理费 |
| 2 | 捐赠 | 2 | 广告费 |
| 3 | 门票销售 | 3 | 租金成本 |
| 4 | 产品销售 | 4 | 设备购买与租赁 |
| 5 | 特许权 | 5 | 安保成本 |
| 6 | 特殊项目 | 6 | 保洁费用 |
| | | 7 | 招待费用 |
| | | 8 | 文件资料费 |
| | | 9 | 劳务费用 |
| | | 10 | 保险费用 |
| | | 11 | 机动支出 |

## 七、预期效果评估

节事活动举办前，应该对活动预期效果进行分析和评价。根据活动的目标不同，评价标准也有所差异。但总的来说，对节事活动的评估要从媒体的报道篇幅与数量、公众的参与度、社会的关注程度、参加者的满意度、资金投入与回报等各方面进行全面分析，从而为以后的活动积累经验。

## 八、应急预案

为有效预防和及时控制节事活动中发生的突发事件，迅速采取正确和有效的措施，妥善处置突发事件，最大限度地减少其危害和影响，需要提前制订节事活动应急预案。应急预案中，应明确突发事件发生后负责事件处置的决策领导机构，制定有效的监督管理责任制度和预防应急控制措施，尽可能做到早发现、早报告、早处置。

# 任务实施

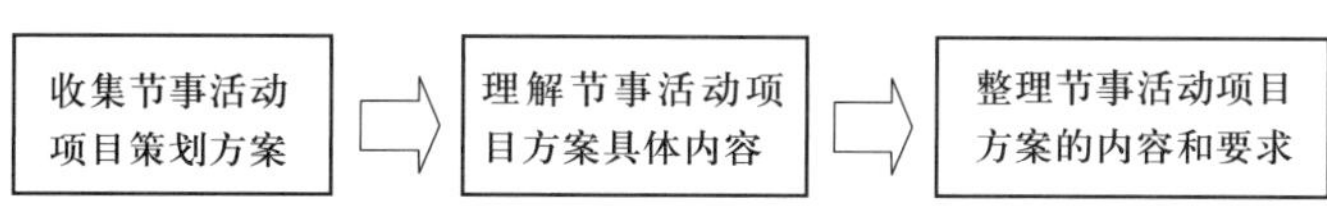

第二单元

### 步骤一：收集节事活动项目策划方案

请参照表2-13中的节事活动策划方案目录，通过互联网收集两个不同节事活动项目的策划方案。

在利用搜索引擎收集方案时，可输入关键字“节事活动策划方案”，也可以输入“××节策划书”“××活动策划案”等。

表2-13　节事活动策划方案目录

| |
|---|
| 一、活动的目的、意义<br>二、活动基本信息<br>1．活动主题<br>2．活动名称<br>3．活动时间<br>4．活动地点<br>5．活动组织机构：主办单位、承办单位、赞助单位<br>三、活动日程<br>四、活动宣传<br>五、活动赞助<br>六、人员分工及分工小组具体安排<br>七、费用预算<br>八、预期效果评估<br>九、应急方案 |

### 步骤二：理解节事活动项目方案具体内容

1．请阅读你收集的两份节事活动项目策划方案，找出节事活动的基本信息：活动名称、时间、地点、主题、组织机构、活动日程、特色活动等，并判断两个活动采用的分别是什么运作模式。

2．请比较两份节事活动项目策划方案的内容有哪些不同之处。

### 步骤三：整理节事活动项目方案的内容和要求

1．请根据你的学习和理解，整理出节事活动项目方案的内容。

2．请尝试复述节事活动项目方案的内容。

3．请根据节事活动的性质和目的，分析哪份策划方案的活动安排更有吸引力、更能达到更好的效果，并说明另一份方案的不足之处。

可以采用小组讨论、制作PPT的形式，以小组为单位来展示学习成果。

## 学习评价

- 能合理、熟练地使用互联网收集节事活动策划方案。
- 能按要求从节事活动策划方案中快速、准确地提炼活动基本信息。

- 能根据会议信息，准确分析节事活动策划方案的异同。
- 能准确、全面地整理和复述节事活动项目方案的内容。
- 能按要求分析节事活动项目方案的优劣。

## 任务小结

在本任务中，我们学习了以下内容：

1．如何快速、有效地收集节事活动策划方案。

2．如何快速、准确地从策划方案中提炼节事活动信息。

3．如何比较不同的节事活动策划方案，并准确地分析其异同。

4．如何全面地整理节事活动项目方案的内容，并准确复述。

## 检测与练习

一、填空

1．节事活动运作模式有__________、__________、__________、__________等。

2．节事活动组织机构包括__________、__________、__________、__________等。

3．预期效果评估包括__________、__________、__________、__________等。

4．节事活动利益最大化是指__________、__________和__________。

5．节事活动赞助包括__________、__________、__________等。

二、判断

1．纽约市旅游会展局是纽约市官方的旅游营销组织。（　　）

2．节事活动的规模大，社会影响一定大。（　　）

3．特许权是节事活动收入的重要部分。（　　）

4．主办单位直接负责活动的实际策划、组织、管理、运作。（　　）

5．在节事活动举办前，要召开协调会。（　　）

## 任务拓展

1．在收集资料的过程中，你有发现一些有意思的特别的节事活动吗？请与你的朋友分享。

2．请登录武功山旅游官网www.wugongshan.com，浏览帐篷节的相关信息，比较最近三届帐篷节的活动安排，分析其变化和活动特色，特别是活动宣传的效果。

3．请收集相关资料，按照节事活动项目方案的内容，制订学校某个活动的初步策划方案。

**小提示**

可以是学校已有的活动，也可以是你为学校设计的新活动，如艺术节、动漫节、音乐节、足球周等。

## 任务二　分析节事活动项目运作流程

### 任务描述

我国的节事活动一般由地方政府举办，但是随着市场化发展，越来越多的营销策划公司等商业机构开始主办或承办节事活动。请根据你的了解和实践，结合学校某项活动策划方案的相关内容，从节事活动组织者的角度，整理出节事活动项目的运作流程。

1. 策划节事活动时，应考虑哪些因素？
2. 大型活动是否需要进行审批？
3. 怎样使节事活动为众人所知？
4. 在布置活动现场时，应注意哪些方面？
5. 活动结束后还需要做些什么？

### 学习目标

1. 能说明节事活动项目运作的主要环节。
2. 能理解节事活动项目运作流程，并绘制节事活动项目运作流程图。

### 知识储备

在实施工作之前，你应该知道以下知识：

#### 一、活动策划

所谓节事活动策划，是以一定的资源条件和市场为基础，对节事活动的主题、内容、举办时间、地点、形式等进行事先分析，并做出谋划和决策的理性思维过程。节事活动的策划应该坚持这样一种理念：以人为本，充分考虑公众的真实需求，为公众制造一种欢乐的体验和美好的回忆。因此，在策划节事活动时，应从以下几个方面着手：

1．主题

主题策划是节事活动策划的核心，从整体上指导节事活动的定位和开展。一个好的主题，往往使人印象深刻。如1999年昆明世界园艺博览会，初拟的主题是“人与自然”，后来王志纲先生介入项目策划后，提出了“彩云之南，万绿之宗”的主题定位，更具地方特色，至今仍是云南省招商引资和形象宣传的口号。节事活动的主题应该以地域文化、历史宗教、商业饮食等为基础，以对本地资源现状的把握和市场需求的分析为基础，集思广益，提炼出一个内涵丰富、特色鲜明、使人印象深刻的活动主题。

2．内容

节事活动内容是吸引人们前来的直接原因，因此，节事活动的内容要丰富、有亮点。要充分挖掘与主题相关的各种资源，从不同的角度切入主题，围绕主题进行嫁接、联想、转换、延伸、扩展、丰富，策划一系列的活动内容，充分发挥节事的规模效应和集聚效应。但是，活动内容并非越多越好。活动内容的设计不能过于庞杂，主题不能过于分散。比如一个自然景区，既搞民俗活动，又搞宗教活动，还搞现代娱乐活动，结果就会造成活动性质模糊不清。

另外，节事活动的内容要不断推陈出新。时代在变化，节事活动必须常办常新，才能保持其持久的生命力。一般来说，一项活动的吸引力是随时间递减的。在围绕活动主题的前提下，节事活动的各种内容应该稳中有变，既要有保持其特色的传统项目，还要挖掘和创造一些紧跟时代潮流、追随人们意识观念转变轨迹的亮点项目。

3．组织执行

对于策划，大局是思想，小节是行动。好的思路固然是成功的基础，但只有在行动的保障下才能充分展现策划的思想，才能让优秀的策划转化成优秀的活动。一项节事活动需要出色指导思想和清晰、明确、创新的思路，同时又要考虑诸多细节因素，如组织机构的承办能力、活动对周边自然人文环境的影响、活动地点与活动规模的契合度、活动物资的准备、交通与安保问题、不可抗力对活动的影响以及活动突发事件的处理等。

## 二、审批审查

大型节事活动需要按照相关法律法规进行审批审查。中华人民共和国公安部第44号令《群众性文化体育活动治安管理办法》的第三、四、五、六条对此进行了相关规定，具体内容如下：

（1）举办群众性文化体育活动的公民、法人和其他组织，应当向所在地县级以上公安机关提出书面申请，并在申请时提交活动方案和说明、活动安全保卫工作方案、场地管理者出具的同意使用证明、申请人身份证明及无违法犯罪记录等文件。

（2）申请举办群众性文化体育活动的法人和其他组织必须具有合法身份。申请举办群众性文化体育活动的个人，必须具有国家主管部门授予的专业技能资格证明及举办活动的相应条件，具有合法的身份证件。无行为能力人、限制行为能力人或者正在被依法采取限制人身自由措施的人不得申办。个人举办群众性文化体育活动，必须经有关主管部门批准。

（3）申请举办群众性文化体育活动的公民、法人和其他组织，应当对活动的具体内容、安全保卫措施承担全部责任，并制订安全保卫工作方案。

（4）群众性文化体育活动的参加人数在二百人以上三千人以下的，由县级公安机关做出许可决定；人数在三千人以上的，由地（市）级公安机关做出许可决定；跨地区的群众性文化体育活动，由共同的上一级公安机关做出许可决定。做出许可决定的公安机关应当向上一级公安机关备案。公安机关应当在接到申请后三十日内，做出许可或者不许可的书面决定。

逾期未做答复的视为许可。公安机关在做出决定过程中，必要时应当进行实地检查。

（5）在举行全国性或者地方性重要会议、重大活动期间，在重点文物保护单位内、航空港、火车站、港口等重要场所，举办群众性文化体育活动的，应当向县级以上人民政府申请。

另外，各地也分别有自己的大型活动审批程序，需要进行相关的行政审批程序。

## 三、活动准备与布置

节事活动开始前，要进行相关的准备与布置，主要包括以下几个方面：

### 1．人员和物料的准备

做好任务安排和人员分工，进行各项准备，如确定主持人和表演嘉宾，确定各环节时间上的对接，保证邀请函、宣传单、舞台道具、视听设备、食品饮料、路标等物品资料的准备。

### 2．现场的规划与布置

根据活动安排，划分活动区域，如表演区域、观众区域、服务区域、停车区域等，并进行布置。布置现场要符合活动参与形式的要求，布置的氛围要与活动主题相符，要便于现场控制，并考虑到天气因素。

## 四、活动现场服务与管理

活动现场执行是节事活动实施的关键，主要有几个方面的工作：

（1）现场接待服务，包括观众接待、媒体记者接待、VIP嘉宾接待、特殊人士接待等。

（2）活动现场安保服务。为了维护大型活动现场的秩序，防止意外事件的发生，节事活动组织者要注意控制活动参与人数的总量和活动现场动态，及时发现并解决问题。

（3）活动现场清洁服务。节事活动组织机构在注重活动效果和影响力的同时，也要注意活动现场和周边自然及人文环境的保护，切不可出现节事活动影响力提高而周边环境却遭到人为破坏的情况。因此，活动组织机构可以引进专业保洁公司，签订正式的委托协议，保证活动现场清洁。

## 五、活动后续工作

节事活动结束后，还有些后续工作需要完成，如：

（1）场地清理、器材回收。节事活动结束后，现场的结束管理和清理工作非常重要。有条不紊的现场结束管理和清理工作，可以体现节事活动举办方的全局操控能力。相关人员要根据前期安排和各项目清理记录表，对现场进行妥善处理，清洁和整理现场物品与环境。

（2）跟踪报道。无论现场活动如何成功，其宣传效力仍然是具有较大局限性的，而且人际传播需要时间，后续宣传应当迅速跟进、趁热打铁、扩大声势。再者，在现场活动不尽如人意的情况下，更需要通过后续宣传来弥补活动失利的颓势，通过宣传来营造“假声势”，降低活动失利造成的负面影响。

（3）活动总结评估。节事活动结束后，还需要对整个活动进行总结和评估。一般来说，应对计划执行的偏差、游客量的增加、媒体的报道篇幅与数量、周边居民的参与性、社会的关注程度、资金投入与回报等各方面进行总结。节事活动评估是对节事活动的绩效和效果进行的评价和估计，对活动管理过程非常重要。评估的对象可以是活动参与者、管理者和媒体公众。根据活动目的的不同，评估的标准侧重也有所不同。总的来说，节事活动的总结和评估工作需要从以下几方面入手：

1）收集所有信息反馈和新闻报道。

2）审核经费开支。

3）追踪、评估与赞助商的合作。

4）分析节事活动举办的经济和社会影响。

5）总结策划及实施各环节的得失。

6）对成功举办的节事活动进行品牌注册，开展品牌经营和管理。

## 任务实施

理解节事活动项目运作主要环节 ⇨ 理解节事活动项目运作流程 ⇨ 绘制节事活动项目运作流程图

### 步骤一：理解节事活动项目运作主要环节

请根据你的学习和理解，按照表2-14整理节事活动项目运作主要环节的内容。

表2-14　节事活动项目运作主要环节

| 主 要 环 节 | 环 节 内 容 |
| --- | --- |
| 活动策划 | |
| 审批审查 | |
| 活动准备与布置 | |
| 活动现场服务与管理 | |
| 活动后续工作 | |

### 步骤二：理解节事活动项目运作流程

请将以上节事活动项目主要工作环节按时间先后进行排序，并按项目所处阶段进行划分，见表2-15。

表2-15　节事活动项目运作四阶段

| 节事活动项目所处阶段 | 工 作 内 容 |
| --- | --- |
| 项目启动阶段 | |
| 项目准备阶段 | |
| 项目现场阶段 | |
| 项目后续阶段 | |

### 步骤三：绘制节事活动项目运作流程图

1．请根据步骤一和步骤二的学习，尝试绘制节事活动项目运作流程图，如图2-28所示。

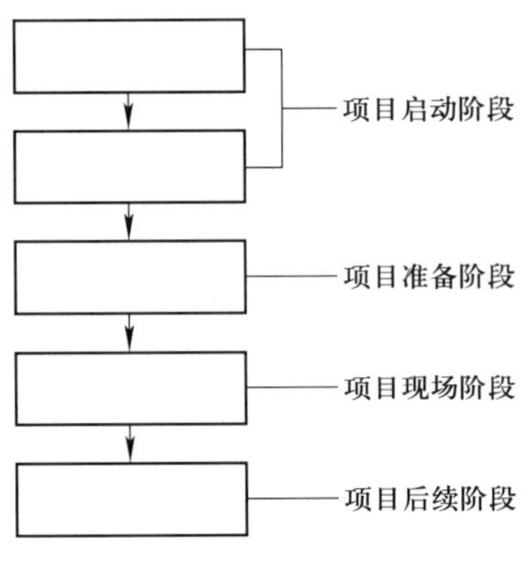

图2-28　节事活动项目运作流程

2．请登录纽约市旅游会展局的官方网站（http://www.nycgo.com），查阅各版块内容，了解近期组织的节事活动。

3．请从学校活动组织者的角度，模拟活动的项目运作流程。

可以采用小组讨论、角色扮演的形式，以小组为单位来展示学习成果。

第二单元

## 学习评价

- 能准确、快速地说明节事活动项目主要工作环节，并全面、准确地说明各环节的主要内容。
- 能准确、快速地整理节事活动项目主要环节的时间顺序。
- 能按要求准确、清晰地绘制节事活动项目流程图。
- 能按要求自然、流畅地模拟节事活动的项目运作流程。

## 任务小结

在本任务中，我们学习了以下内容：

1．如何准确、快速地说明节事活动项目主要工作环节及其内容。
2．如何准确、快速地整理节事活动项目主要环节的时间顺序。
3．如何准确、清晰地绘制节事活动项目流程图。
4．如何自然、流畅地模拟节事活动的项目运作流程。

## 检测与练习

一、填空

1．策划节事活动要从__________、__________、__________三方面入手。

2．节事活动准备与布置包括__________和__________。

3．节事活动可划分为__________、__________、__________等区域。

4．节事活动现场执行包括__________、__________和__________。

5．节事活动后续工作包括__________、__________、__________等。

二、判断

1．节事活动的内容是吸引人们前来的直接原因。（　）

2．群众性文化体育活动的参加人数在二百人以上三千人以下的，由市级公安机关做出许可决定。（　）

3．一般来说，一项活动的吸引力是随时间递增的。（　）

4．节事活动结束后，现场的结束管理和清理工作非常重要。（　）

5．所有节事活动的评估标准应一致。（　）

## 任务拓展

### 一、节事活动策划原则

1．特色和创新原则

旅游节事活动的魅力在于特色和创新。在策划和构思时，应当注重对旅游地文化内涵的挖掘，根据当地实际，应对市场需求，利用独特优势，选择特色鲜明的主题定位，这是成功举办节事活动的支撑点。一项成功的节事活动还要具备创新性，首先必须坚持常办常新，这样才能保证节事活动的持久生命力。没有人喜欢年复一年地参加同样的活动，如果没有人喜欢，节事活动就失去了市场；其次还要让每个人都能从中找到乐趣，这样才会激发人们的兴趣，增强节事活动的吸引力。

2．公众参与性原则

广泛的参与性是节事活动取得成功的关键所在。节事活动的魅力不在于安排多少项活动，而在于有多少人亲临其境感受其中的人文气氛，节事活动要的就是成千上万人扶老携幼、结伴前往的这种普天同庆、万民同乐的节日气氛。大众性是节庆营销的前提，为此，应该努力改变目前我国许多节事活动带有较强的“官方色彩”，改变现场观众的陪衬状态。

3．长效性原则

所谓长效性，就是能够定期（一年一度或间隔一段时日）举行，以充分发挥节事活动的长期效应。如果只举办一次，然后就冷却，各种资源不能长效地利用，是不可取的。节事活动应可持续发展，因为所带动的不是单方面的经济发展，更重要的是整体经济的提高和长远效益的回报。

4．品牌化原则

对节事活动的策划要贯彻品牌化运营理念，要从品牌定位、品牌塑造、品牌推广、品牌维护等方面着手，把节事活动打造成具有独特个性和超强吸引力的品牌。节事品牌的创立和维护是一个长期的过程，要不断地投入和创新。

第二单元

## 二、5S管理

5S管理源于日本，指的是在生产现场，对材料，设备人员等生产要素开展相应的整理、整顿、清扫、清洁、素养等活动，为其他管理活动奠定良好的基础，是日本产品品质得以迅猛提高从而行销全球的成功之处。

整理、整顿、清扫、清洁、素养的日语在用罗马音拼写时，它们的第一个字母都为S，所以日本人又称之为5S。以下是5S管理的详细内容：

（1）整理（Seiri）：工作现场，区别要与不要的东西，只保留有用的东西，撤除不需要的东西。其目的是：清除零乱根源，腾出“空间”，防止材料的误用、误送，创造一个清晰的工作场所。

（2）整顿（Seiton）：把要用的东西，按规定位置摆放整齐，并做好标志进行管理。其目的是：定置存放，实现随时方便取用。

（3）清扫（Seisou）：将不需要的东西清除掉，保持工作现场无垃圾、无污秽。其目的是：保持工作环境的整洁干净；保持整理、整顿成果；稳定设备、设施、环境质量、提高产品或服务质量；防止环境污染。

（4）清洁（Seiketsu）：维持以上整理、整顿、清扫后的局面，使工作人员觉得整洁、卫生。其目的是：养成持久有效的清洁习惯；维持和巩固整理、整顿、清扫的成果。

（5）素养（Shitsuke）：通过进行上述4S的活动，让每个员工都自觉遵守各项规章制度，养成良好的工作习惯，做到“以厂为家、以厂为荣”。其目的是：养成良好的习惯；加强审美观的培训；遵守厂纪厂规；提高个人素养；培养良好兴趣、爱好；塑造守纪律的工作场所；培养团队精神，注重集体的力量、智慧。

第三单元

# UNIT 3

# 了解会展相关法律法规

LIAOJIEHUIZHANXIANGGUAN
FALÜ FAGUI

## 单元导读

无论是产业还是市场，都不同程度地受到国家有关法律法规的影响和约束。如果在收集产业和市场信息时，对有关的法律法规不加以了解，收集到的产业和市场信息就是不完整的信息。而不完整的信息对会展策划和营销决策是有害的。从另一个角度看，抛开产业和市场因素不谈，仅仅是国家的有关法律法规，就会对举办展览产生重大影响。如国家进出口政策的变化，对海外企业参加展览会就会产生较大影响；国家对某一行业产品在销售方面的特殊规定和要求，对企业参加展览会就会有一定的限制作用。

本单元主要讲述会展的相关法律法规制度，包括会展审批法律法规、会展举办者主体资格法律法规和会展知识产权法律法规。学生通过学习此课程，可以对会展法律法规有一定的了解。

## 单元目标

1. 了解会展审批法律法规。
2. 了解会展举办者主体资格法律法规。
3. 了解会展知识产权法律法规。

## 工作流程

项目一 会展审批法律法规 → 项目二 会展举办者主体资格法律法规 → 项目三 会展知识产权法律法规

## 项目一 会展审批法律法规

我国的会展管理体制实行审批制，具有较强的行政色彩。与德国、法国不同的是，我国的审批制表现为政府对会展企业是否具备主办会展的主体资格进行审查，对会展企业的市场行为进行干预，甚至表现为政府直接作为市场主体进行市场活动。

本项目是了解会展相关法律法规的第一步——会展审批法律法规。

## 项目介绍

按照相关部门要求，通过审批是举办会展活动的前提，否则会展就是违法违规的，主办方及承办方将会被追究法律责任，因此，会展审批不能有一点马虎。

在本项目中，你将结合会展审批典型案例，了解会展审批相关法律法规和审批程序。

本项目共分为两个任务：

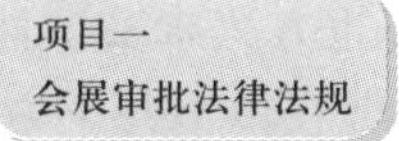


任务一　了解会展审批程序

任务二　分析会展审批典型案例

## 背景知识

### 一、我国会展业的法律体系

我国会展业的法律体系包括以下两大类：

（1）通用型的法律法规，即各领域通用的调整一些基础社会关系的法律法规，会展业涉及的主要有《合同法》《公司法》《保险法》、知识产权法、《文物保护法》《广告法》《产品质量法》《反不正当竞争法》《消费者权益保护法》《海关法》等。

（2）专门性的法律法规，即专门针对会展业制定的法律法规，主要有以下几类：

1）国家制定的会展业法律。只有全国人民代表大会及其常务委员会才有权制定法律。

目前我国制定会展基本法的基础还不扎实，时机也不成熟，会展法的制定尚未提上议事日程。

2）国务院针对会展业制定的行政法规。国务院发布的决定和命令属于规范性文件的，具有行政法规的效力。

1997年7月31日，国务院办公厅下发《国务院办公厅关于对在我国境内举办对外经济技术展览会加强管理的通知》（国办发〔1997〕25号），这是迄今为止唯一由国务院发布的与会展有关的行政法规，也是目前会展业最高级别的法律文件。

3）国务院各部委就会展的专门问题制定的部门规章有：原对外贸易经济合作部（2003年整合为商务部）制定的《在境内举办对外经济技术展览会管理暂行办法》《关于重申和明确在境内举办对外经济技术展览会有关管理规定的通知》《关于举办来华经济技术展览会审批规定》《关于出国（境）举办招商和办展等经贸活动的管理办法》《关于审核出国（境）举办经济贸易展览会组办单位资格的通知》《关于进一步加强出国举办经济贸易展览会管理工作有关问题的通知》《在祖国大陆举办对台湾经济技术展览会暂行管理办法》；中国国际贸易促进委员会、原对外贸易经济合作部共同制定的《出国举办经济贸易展览会审批管理办法》；海关总署制定的《中华人民共和国海关对进出口货样、广告品监管办法》《中华人民共和国海关暂准进口单证册项下进出口货物监管办法》《中华人民共和国海关对进口展览品监管办法》《中华人民共和国进出口商品检验法》等；原国家科学技术委员会（现科学技术部）制定的《国家科委关于加强技术交易会管理的通知》；国家税务总局制定的《国家税务总局关于外国企业来华参展后销售展品有关税务处理问题的批复》；国家外汇管理局制定的《国家外汇总局关于调整出口收汇核销和外汇账户管理政策的通知》；科学技术部、外交部、海关总署、国家工商行政管理总局联合制定的《国际科学技术会议与展览管理暂行办法》；商务部制定的《设立外商投资会议展览公司暂行规定》；商务部会同国家工商行政总局商标局、国家版权局、国家知识产权局共同起草的《展会知识产权保护办法》。

4）地方人大和地方政府制定的地方法规或规章，如《广州市举办展销会管理条例》《上海市展览业管理办法》《北京市展会知识产权保护办法》《西安市会展业促进条例》《深圳市会展业财政资助专项资金管理办法》《深圳市会展业财政资助专项资金申报指南》《湖北省商品展销活动管理办法》等。

## 二、我国会展常见法律纠纷

当今世界会展业的发展如火如荼，我国会展经济也方兴未艾。然而会展在促进经济发展的同时，也引发了许多法律纠纷。这些纠纷主要表现在以下几个方面：

（1）劳动纠纷。会展期间，会展组织者必然会雇请一些临时工，对于这些临时工的工资如何支付，各地做法不一，但是，有的会展组织者支付给临时工的工资低于当地最低工资标准，因而引发劳动纠纷。

（2）展位纠纷。有的会展组织者在与参展商签订协议时，标明了具体的展位，但是由于举办展览的组织者为好几家单位联合组织，而几家单位又没有衔接好，一个位置被签了几家，造成“一女二嫁”，后到的被安排到别的展位，以至于展览位置名不副实，从而引发纠纷。

（3）规模缩水纠纷。有的展览会主办方与参展商联系时，宣传规模如何宏大，结果是寥寥可数的采购商让参展商没有生意可做，结果引发纠纷。

（4）偷换主题纠纷。有的展览举办者发给参展商的传真上说明是绿色家电展，参展商交了不菲的参展费用，但是，到现场还有布艺和卫浴展厅，甚至还有重型机械展台，实际上是个大杂烩，参展商不满意，从而引发纠纷。

（5）克隆损害纠纷。有的是抄袭展会名称，有的是抄袭展会策划创意，还有的则是抄袭展会的设计方案，从而引起纠纷。

（6）骗展纠纷。有的骗展者在组织展会时将“中国”挂在展会名称的最前面，以示国家级；不能用“中国”，就用国务院某部委办或者“某省”“某市”等，以增加官办色彩。然而，国家早有明文规定，挂“中国”字头的必须由国家商务部审核批准；挂“国际”字头的要有相关资质的展览公司才能承办。有的骗展者摸准了技术性较强的企业喜欢参加专业展会，于是投其所好，分别设计了多种专业性专题展会向企业发出参展邀请。由于信息不对称，企业稀里糊涂签了参展合同，交了款，最后引发纠纷。

# 任务一　了解会展审批程序

## 任务描述

你已对会展有了深入的了解，并想进入会展业独自创业。但是，会展公司和会展项目都不是随意就能开始启动的，需要经过一定的审批程序。请收集会展审批程序的相关法律法规。

1．审批的主要内容是什么？

2．审批和备核有什么程序？

3．负责审批管理的部门有哪些？

4．应提交哪些申报材料？

## 学习目标

1．了解会展审批的流程。

2．了解会展申报时应提交的证件。

3．了解会展审批的管理部门。

4．了解会展审批的备核程序。

## 知识储备

在实施工作之前，你应该知道以下知识：

### 一、会展举办的申报

1．向主办单位的主管部门申报

1996年1月，对外贸易经济合作部出台《各类商品和技术展销交流活动管理试行办法》，对展销会的申报做了如下规定：

（1）对外贸易经济合作部下属的各级及各类贸易主管部门或单位举办的各类展销交流活动，必须报送国内贸易局进行归口和计划审批。

（2）举办全国综合性的技术展销交流活动，需于筹展前半年向国家科委提出申请。

（3）赴国（境）外举办各类商品、技术展销交流活动，由申办单位提出方案报综合计划司，经部领导批准后，按外经贸部《关于出国（境）举办招商和办展等经贸活动的管理办法》办理。

（4）其他部门或地方举办的有关展销交流活动，凡邀请对外贸易经济合作部以国内贸易局（现已撤销）名义协办、名誉赞助的，主办单位应提出书面申请并提供有关的交流活动资料，由综合计划司向有关司局提出审核意见，报部领导批准后正式函复邀请单位。

2．向会展举办地工商行政管理机关申报

（1）举办单位应当向举办地工商行政管理机关申请办理登记。

（2）县级人民政府举办的展销会，应当向举办地市级工商行政管理机关申请办理登记；市、省级人民政府举办的商品展销会，应当向举办地省级工商行政管理机关申请办理登记。上一级工商行政管理机关可以委托举办地工商行政管理机关对商品展销会进行监督管理。

（3）对于异地举办商品展销会的，经申请举办单位所在地工商行政管理机关核准，依照以上规定向工商行政管理机关办理登记。

3．申报应提交的材料

（1）证明举办单位具备法人资格的有效证件。

（2）举办商品展销会的申请书。其内容包括展销会名称、起止时间、地点、参展商品类别、举办单位银行账号、举办方负责人员名单、联系电话及筹备办公室地址等。

（3）商品展销会场地使用证明。

（4）商品展销会组织实施方案。

（5）其他文件。

举办一般规模的会展活动应提前6个月申请报批，举办规模较大的会展活动应提前12个月申请报批。

## 二、会展举办的审批程序

1．出国举办经济贸易展览会的审批管理

（1）审批管理部门。2000年年末，国务院下发《国务院办公厅关于出国举办经济贸易展览会审批管理工作有关问题的函》，做出如下规定：

1）从2001年1月1日起，各地出国办展一律由贸促会会签外经贸部后审批；贸促会代表国家出国办展。

2）各级外事、外经贸商务、海关、出入境检验检疫和外汇管理部门凭贸促会的批准文件办理有关展品、人员出国等手续。

3）各出展组办单位要坚持正确的出国办展方针，不能盲目追求办展数量，不得借机搞变相公费旅游，严禁假冒伪劣产品和侵犯知识产权的商品参展。

（2）审批和备核的程序。2001年，国家贸促会、对外贸易经济合作部联合下发《出国举办经济贸易展览会审批管理办法》，做出如下规定：

1）赴展览会集中举办国和未建交国家办展，实行审批管理；赴其他国家（以下简称备核管理国家）办展，实行备核管理。

展览会集中举办国包括德国、意大利、法国、英国、西班牙、瑞士、俄罗斯、以色列、阿联酋、日本、韩国、泰国、新加坡、埃及、南非、美国、澳大利亚等。

2）赴审批管理的国家办展，组展单位应在每季度前两个月且不迟于展览会开幕前6个月向贸促会报送办展计划，并填写出国办展申请表。

3）贸促会于每季度最后一个月对组展单位报送的办展计划进行审批，并核发出国办展批准件。

4）贸促会审批出国办展计划前，将拟审批同意的计划送商务部会签。赴未建交国家办展计划同时送外交部会签。

5）赴审批管理国家办展，组展单位还应在开幕前3个月内向贸促会报送参展人员复核申请表。

6）赴备核管理国家办展，组展单位应至少在开幕式前3个月报送办展计划，并填写出国办展申请表。

7）各级外经贸主管部门凭贸促会核发的出国办展批准件或出国办展备核件，核发展品出境有关证件。

8）各级外经贸、外事、外汇管理部门和外汇指定银行凭贸促会核发的参展人员复核件或出国办展备核件，办理参展人员出国、外汇使用及核销手续。

2．来华经济技术展览会的审批

根据《对外贸易经济合作部关于举办来华经济技术展览会审批规定》，由中国国际展览中心举办的国外来华经济技术展览会报中国国际贸易促进委员会批准并报商务部备案。其他企业或事业单位等举办的报商务部批准。

各外贸公司为配合进口订货举办的展出场地面积在500m$^2$以下的小型技术交流会、样品展示会等，由公司自主办理，免办批准手续。

3．在我国境内举办对外经济技术展览会的审批

（1）项目审批。2004年2月19日，海关总署和商务部联合发文《海关总署、商务部关于在我国境内举办对外经济技术展览会有关管理事宜的通知》：展览面积在1000m$^2$以上的对外经济技术展览会，可实行分级审批管理。面积在1000m$^2$以下的，具有对外经济技术展览会主办资格的单位，可自行举办，但须报有关主管单位备案，海关凭主管部门备案证明办理相关手续。

（2）审批程序

1）展位面积1000m$^2$必须审批，实行分级审批。

2）举办对外经济技术展览会由主办单位申请报批。

3）审批对外经济技术展览会需审查的主要内容。

4）审批资料。

4．对台湾经济技术展览会的审批

《在祖国大陆举办对台湾经济技术展览会暂行管理办法》规定：

（1）对台展会的审批部门：商务部会同国务院台湾事务办公室审批。

（2）审批的主要内容如下：

1）政治内容。举办对台湾经济技术展览会，不得出现“台湾独立”“两个中国”“一中一台”等政治问题。台湾厂商参展的宣传品、杂志、电子出版物等资料中不得有代表“中华民国”的字样、图片、音乐等。

2）展会名称，展品内容，展出面积、时间、地点，筹组方案和计划等。

（3）申报单位应提交的资料。邀请台湾厂商参展的国际性及全国性展览会、博览会，应提交有关主管单位的批件、参展台湾厂商的名单（中文）、展品内容、展出面积等详细清单，并提前一个月申请报批；举办海峡两岸的经济技术展览会、对台湾出口商品交易会、台湾商品展览会，应提交展览会的筹组计划和方案、可行性研究报告、参展企业及其展品的有关情况等，并提前6个月申请报批。

5．国内商品展销会的审批

（1）主管部门的审批根据《各类商品和技术展销交流活动管理试行办法》（主要针对商务部及各所属下级分支机构）执行。

（2）当地工商行政管理部门的审批。主办单位在会展举办之前向当地工商行政管理部门进行申报。工商行政管理部门收到申请，15日内做出决定。准予登记的，发给《商品展销会登记证》。《商品展销会登记证》应当载明商品展销会名称、举办单位名称、负责人、商品类别等。

举办单位领取《商品展销会登记证》后，方可发布文告，进行招商。

## 任务实施

了解会展审批程序 ⇨ 模拟进行会展审批

### 步骤一：了解会展审批程序

请根据以上知识，整理会展活动审批的规定和程序。

**小提示**

可以采用小组讨论、制作PPT的形式，以小组为单位来展示学习成果。

### 步骤二：模拟进行会展审批

请从会展公司和审批部门的不同角度，模拟进行会展审批，整理出须提交的材料，从而更深刻地认识会展审批程序。

**小提示**

可以采用小组表演的形式来展示学习成果。

## 学习评价

- 能够准确说明会展审批的基本程序。
- 能够准确说明会展审批的管理部门。
- 能够准确说明会展审批申报时应提交的文件。
- 能较流畅地模拟进行会展审批流程。

## 任务小结

在本任务中，我们学习了以下内容：

1．会展审批的基本程序。

2．会展审批的管理部门。

3．会展审批申报时应提交的文件。

## 检测与练习

一、填空

1．原对外贸易经济合作部下发的____________以及____________对出国（境）举办经济贸易展览会组办单位的资格做了明确的规定。

2．举办全国综合性的技术展销交流活动，需于筹展前__________向国家科委提出申请。

3．举办单位领取__________后，方可发布文告，进行招商。

4．举办商品展销会的申请书内容包括____________、____________、____________、__________等。

二、判断

1．根据规定，各省、自治区、直辖市和计划单列市外经贸主管部门，各省、自治区、直辖市和单列市贸促会分会、各行业贸促分会，全国性进出口商会、中国对外商投资企业协会均不可出国（境）办展。（　）

2．贸促会负责以国家名义组织参加国际展览局登记或认可的世界博览会，并代表国家出国办展，可邀请国务院各部门、各地方人民政府及组织各地方、行业企业、经济团体参展。（　）

3．从2000年1月1日起，各地出国办展一律由贸促会会签外贸部后审批；贸促会代表国家出国办展。（　）

4．面积在1000m$^2$以上的，具有对外经济技术展览会主办资格的单位，可自行举办，但须报有关主管单位备案，海关凭主管部门备案证明办理相关手续。（　）

5．举办一般规模的会展活动应提前6个月申请报批，举办规模较大的会展活动应提前12个月申请报批。（　）

## 任务拓展

请上网收集并了解北京市会展活动审批的规定和程序。

# 任务二　分析会展审批典型案例

## 任务描述

了解会展审批方面的法律法规后，如果在实际工作中遇到相关的事情，你需要学会如何分析和处理。请结合法律法规，对会展审批的典型案例进行分析。

**想一想**

1．在阅读案例时，应注意哪些问题？

2．如何才能抓住争议的核心问题？

3．如果你遇到这样的问题，应该如何处理？

## 学习目标

1．能根据会展审批典型案例，说明案例中体现的核心问题。

2．能结合会展审批法律法规，分析问题产生的原因和解决办法。

## 任务实施

阅读会展审批典型案例 ⇨ 分析会展审批典型案例

### 步骤一：阅读会展审批典型案例

请阅读以下案例，并准备回答问题。

王先生是上海一家经营交通设备公司的项目经理。几个月前，他接到北京一家展览公司打来的电话，邀请他们参加2010年上海交通工程技术与设施展览会。由于公司需要借助展会来推广自己的产品，王先生查看了该公司的相关资料后，便预订了一个18m$^2$的展位，租金为2.56万元。2010年11月23号，他和同事一起到展会现场，让他们没想到的是，原来宣传有几百家参展商参展，现在只有30多家。他们在展馆绕了一圈，发现参展的并不限于交通设施，有焊接设备的，甚至还有锁具的。他们连续参展三天，共花费3万多元，没有签下一笔订单。他们打电话给北京那家展览公司，对方一直关机。找到展馆租赁方，相关工作人员表示可以给每家参展商场地费的30%作为补偿。参展商为了减少损失只好接受。

### 步骤二：分析会展审批典型案例

现在骗展现象屡屡发生，已经成为会展业的诟病。请结合上述案例及所学知识，回答下列问题：

1．什么原因造成骗展现象时常发生？

2．如何防止会展行业中的骗展的现象出现？

3．当骗展现象发生时，应如何减少参展商的损失？

可以采用小组讨论的形式，以小组为单位来展示学习成果。

第三单元

## 学习评价

- 能够准确说明会展审批的基本程序。
- 能够准确把握会展审批案例中的核心问题。
- 能够准确说明会展纠纷发生的原因。
- 能够对会展纠纷提出可行的建设性意见。

## 任务小结

在本任务中，我们学习了以下内容：

1．会展审批的典型案例。

2．会展审批纠纷的核心问题。

3．会展审批纠纷的解决办法。

## 检测与练习

1．会展审批案例中的核心问题是什么？

2．会展审批纠纷发生的原因是什么？

3．分别从会展场馆、主办者、参展商的角度，谈谈怎样预防和避免会展审批纠纷。

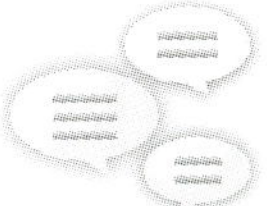

## 任务拓展

请阅读以下案例，并分析该纠纷产生的原因和解决办法。

A公司于2009年7月了解到B展览公司承办的展会信息，于当月10日与B展览公司签订《2009中国（苏州）国际服装服饰贴牌加工博览会参展申请/合同表》，准备参加于2009年8月6日至8日在苏州国际博览中心举办的展会，并于当月17日支付B展览公司全部展费共计人民币16200元。然而A公司在布展工作中了解到，A公司实际参展的展会名为“苏州国际纺织品面辅料及服装工业展/苏州国际服装贴牌加工及流行纱线展”。展会不仅内容上与合同有差别，举办的级别上也有较大差距，展会的组织、宣传及承办工作都较为混乱。此外，A公司通过与其他参展商沟通，发现B展览公司通过虚假宣传，与不同的参展商签订不同展会名的参展合同，从而达到欺骗参展商、谋取不当利益的目的。A公司参展目的不能实现，为避免更大损失，A公司取消了原订的参展计划。后苏州国际博览中心因该展会混乱的组织和承办工作，退回A公司展费1400元。A公司认为B展览公司已构成欺诈，向法院提起诉讼。



# 项目二　会展举办者主体资格法律法规

会展经济是法制经济，会展业的健康发展，离不开法律法规的保驾护航。谁可以成为会展举办者？会展项目不是某个人或某个公司可以随意举办的，而要符合国家法律法规的规定和要求。

本项目是了解会展相关法律法规的第二步——会展举办者主体资格法律法规。

## 项目介绍

作为会展活动的主办者，你需要了解具备什么样的资格才可以办展，才能不违法违纪。而作为参展商，你也要了解会展主办者资格的要求，从而保护自己，避免纠纷。

在本项目中，你将结合会展举办者主体资格典型案例，了解相关法律法规对会展举办者主体资格的规定。

本项目共分为两个任务：

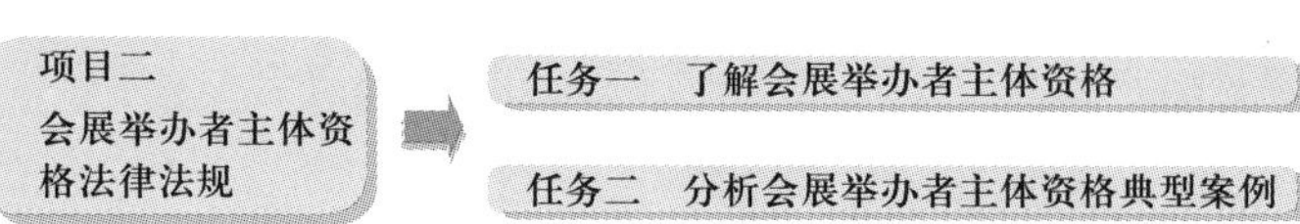

## 背景知识

会展的主办者一般是展会的所有者，包括展览公司、展馆、政府机构、事业单位或社会团体等。

一般来说，商业性主办者如展览公司和展馆，通过经营和管理展会获取利润。如果展馆经营方自行办展，就兼有主办者和展会服务提供者的双重身份。如中国国际展览中心集团公司既是中国国际展览中心的经营者，又自办多个展会。另外，一些政府机构、事业单位或社会团体既是展会的主办者，又是其产权的拥有者，如商务部拥有广交会的所有权，并负责主办工作。

然而，在中国，还有一种主办者，即名义主办者。也就是说，展会的实际所有者及主办者是商业机构。但是，为了增强展会的公信力或为了获取行政支持和行业资源，商业机构商请政府机构、事业单位或社会团体作为展会的主办者，而商业机构自己作为承办方出现。这种由商业机构商请的主办者，只是展会名义上的主办者，一般不享有展会所有权。

导致这种情况出现的原因是工商管理部门对展会实施登记管理制度。当时，商业机构办展必须进行工商登记。而工商管理部门规定，展会主办者（或批准单位）必须是政府机构、事业单位或社会团体，以致商业机构在很长时期只能作为承办方。随着工商管理制度的改革，虽然展会工商登记法规已取消，但展会的“主承办制”已经习惯成自然。因此，请政府机构、事业单位或社会团体作为展会的名义主办者（即冠名主办者），在当下中国会展业中依然十分常见。



# 任务一　了解会展举办者主体资格

## 任务描述

你已经看到了很多的会展项目，包括展览、会议、奖励旅游和节事活动，也看到了各种类型的会展活动举办者，有政府部门、企业、协会等。那么，法律上对会展举办者主体资格有哪些规定呢？请收集会展举办者主体资格的相关法律法规。

1．会展有哪些举办者？

2．不同会展的举办者主体资格也有不同的规定吗？

3．可以按什么标准对不同的会展进行分类，从而对其举办者主体资格进行规定？

## 学习目标

1．了解出国（境）举办展览会组办单位资质的规定。
2．了解对国外来华举办经济技术展览会的组办单位资格的规定。
3．了解对台经济技术展览会组办单位资格的规定。
4．了解国内商品展销会举办单位资格的规定。

## 知识储备

在实施工作之前，你应该知道以下知识：

直到20世纪90年代，我国才陆续出台《设立外商投资会议展览公司暂行规定》《关于审核出国（境）举办经济贸易展览会组办单位资格的通知》等相关规定。

### 一、出国（境）举办展览会组办单位资质的规定

原对外贸易经济合作部下发的《关于审核出国（境）举办经济贸易展览会组办单位资格的通知》（以下简称《通知》）以及《出国举办经济贸易展览会审批管理办法》（以下简称《办法》）对出国（境）举办经济贸易展览会组办单位的资格做了明确规定，具体内容如下：

1．出国（境）举办经济贸易展览会组办单位的界定

出国（境）举办展览会组办单位，是指组织国内企业赴国（境）外举办经济贸易展览会和参加出国（境）外举办的国际贸易展览会、博览会的单位。

根据规定，各省、自治区、直辖市和计划单列市外经贸主管部门，各省、自治区、直辖市和单列市贸促会分会、各行业贸促分会，全国性进出口商会、中国外商投资企业协会均可出国（境）办展。

此外，其他出国（境）办展单位必须具有对外贸易经济合作部审核批准的出国（境）组办单位资格。

2．有关申请出国办展组办单位资格

（1）办展企业应具备以下条件：

1）具有独立企业法人资格，具备承担举办展览的民事责任能力和组织招商能力。

2）设有专门从事办展的部门或机构，并有相应展览专业（包括策划设计、组织、管理及外语）人员，具有完善的办展规章制度。

3）具有境内举办对外经济技术展览会主办单位资格。

4）具有因公临时出国（境）任务审批权。

5）获得流通领域进出口经营权5年以上，且上一年度进出口额达1亿美元以上。

（2）办展事业单位和社会团体应具备以下条件：

1）成立3年以上，具有独立的事业法人或社团法人资格，具备承担举办展览的民事责

第三单元

任能力和组织招商招展能力。

2）设有专门从事办展的部门或机构，并有相应展览专业（包括策划设计、组织、管理及外语）人员，具有完善的办展规章制度。

3）开办经费或注册资金不少于300万元人民币。

4）具有行业代表性。

5）具有境内举办对外经济技术展览会主办单位资格。

6）事业单位或社会团体本身或其上级主管部门具有因公临时出国（境）任务审批权。

3．有关组办单位的组展范围

《通知》和《办法》对各组办单位的组展范围规定如下：

（1）贸促会负责以国家名义组织参加国际展览局登记或认可的世界博览会，并代表国家出国办展，可邀请国务院各部门、各地方人民政府及组织各地方、行业企业、经济团体参展。

（2）全国性进出口商会和贸促会行业分会可出国办展，但不得跨行业组展。

（3）各省、自治区、直辖市和计划单列市外经贸主管部门可指定或设立一至两家展览机构，专门组织本地区内的企业出国（境）办展。

## 二、国外来华举办经济技术展览会的组办单位资格的规定

《对外贸易经济合作部关于举办来华经济技术展览会审批规定》对国外来华举办经济技术展览会的组办单位资格做了如下规定：“国外来华经济技术展览会应有各级国际贸易促进委员会及其所属展览公司（中心）及经对外贸易经济合作部及其授权单位批准有举办国外来华经济技术展览会经营范围的公司主办。各类学会、协会，无外贸经营权的企业、事业，均不得自行举办国外来华经济技术展览会。国家级双边经济技术展会原则上由中国国际展览中心主办。”

## 三、对台经济技术展览会组办单位资格的规定

原对外贸易经济合作部出台的《在祖国大陆举办对台湾经济技术展览会暂行管理办法》对对台经济技术展览会组办单位资格做了如下规定：

（1）对台经济技术展览会的举办单位（主办承办）的责任、资格和展览行为按照对外贸易经济合作部《在境内举办对外经济技术展览会管理暂行办法》的规定执行。

（2）台湾民间机构在大陆举办展会，需联合或委托大陆具有主办资格的单位举办。在大陆的招商招展由大陆主办单位负责。

（3）台湾的主办单位应该是具有规模和实力的机构、公司或团体。

## 任务实施

了解会展举办者主体资格法律法规 ⇨ 模拟进行会展举办者主体资格审核

### 步骤一：了解会展举办者主体资格法律法规

请根据以上知识，整理会展举办者主体资格法律法规。

可以采用小组讨论、制作PPT的形式，以小组为单位来展示学习成果。

### 步骤二：模拟进行会展举办者主体资格审核

请从不同类型会展举办者的角度：，模拟进行会展举办者主体资格审核，从而更深刻地认识会展举办者主体资格法律法规。

可以采用小组表演的形式来展示学习成果。

## 学习评价

- 能够准确说明出国（境）举办展览会组办单位资格的规定。
- 能够准确说明国外来华举办经济技术展览会的组办单位资格的规定。
- 能够准确说明对台经济技术展览会组办单位资格的规定。
- 能够准确说明国内商品展销会举办单位资格的规定。
- 能较流畅地模拟会展审批流程。

## 任务小结

在本任务中，我们学习了以下内容：

1. 出国（境）举办展览会组办单位资质的规定。
2. 国外来华举办经济技术展览会的组办单位资格的规定。
3. 对台经济技术展览会组办单位资格的规定。

## 检测与练习

一、填空

1. 可以申请出国办展的组办单位有__________、__________。
2. 贸促会负责以国家名义组织参加国际展览局登记或认可的__________。
3. 国家级双边经济技术展会原则上由__________主办。
4. 台湾民间机构在大陆举办展会，在大陆的招商招展由__________负责。
5. 全国性进出口商会和贸促会行业分会可出国办展，但不得__________。

二、判断

1. 出国（境）举办展览会组办单位，是指组织国内企业赴国（境）外举办经济贸易展览会和参加出国（境）外举办的国际贸易展览会、博览会的单位。（　　）

2．各类学会、协会，无外贸经营权的企业、事业，均可以自行举办国外来华经济技术展览会。（　　）

3．申请出国办展的事业单位和社会团体须成立5年以上。（　　）

4．申请出国办展的企业须具有因公临时出国（境）任务审批权。（　　）

5．申请出国办展的事业单位和社会团体开办经费或注册资金不少于300万元人民币。（　　）

### 任务拓展

请上网收集至少四个会展活动的资料，并分析其主办者的构成和各方的作用。

## 任务二　分析会展举办者主体资格典型案例

### 任务描述

你已经了解了会展举办者主体资格方面的法律法规，那么，如果在实际工作中遇到相关的事情，你需要学会如何分析和处理。请结合法律法规，对会展举办者主体资格的法律案例进行分析。

1．在阅读案例时，应注意哪些问题？
2．如何才能抓住争议的核心问题？
3．如果你遇到类似的问题，应该如何处理？

### 学习目标

1．能根据会展举办者主体资格典型案例，说明案例中体现的核心问题。
2．能结合会展举办者主体资格法律法规，分析问题的原因和解决办法。

### 任务实施

阅读会展举办者主体资格典型案例  分析会展举办者主体资格典型案例

**步骤一：阅读会展举办者主体资格典型案例**

请阅读以下案例，并准备回答问题。

哈尔滨市某公司受邀参加一个号称有几百家参展商的国际展会，结果开展时发现只有不到20家参展商，且该展会事先没有媒体宣传，没有开幕式，没有参观者，更没有洽谈方，作为主办单位的哈尔滨某展览服务有限公司一躲了之，负责人根本联系不上，参展商怨声载道。后来，才得知原来展会组织者根本没有到工商部门申请办展资格，甚至这个“哈尔滨某展览服务有限公司”都没有在工商部门注册登记过，完全属于非法办展。展商们虽然找到当地主管部门，又告到了法院，但他们因此损失的人力、物力、财力以及宝贵的时间是很难挽回的，而主办地哈尔滨则损失了宝贵的信誉。

### 步骤二：分析会展举办者主体资格典型案例

请根据以上案例及所学知识，回答下列问题：

1．为什么会出现这种纠纷？

2．公司名称里是否有“展览服务”就一定能举办展览？

3．参展商是否需要提前了解展会主办者的办展资格和注册登记情况？

4．以后应该如何避免这种情况？

*可以采用小组讨论的形式，以小组为单位来展示学习成果。*

## 学习评价

- 能够准确说明会展举办者主体资格法律法规的基本内容。
- 能够准确把握会展举办者主体资格案例中的核心问题。
- 能够准确说明会展举办者主体资格纠纷发生的原因。
- 能够对会展举办者主体资格纠纷提出可行的建设性意见。

## 任务小结

在本任务中，我们学习了以下内容：

1．会展举办者主体资格的典型案例。

2．会展举办者主体资格纠纷的核心问题。

3．会展举办者主体资格纠纷的解决办法。

## 检测与练习

1．会展举办者主体资格案例中的核心问题是什么？

2．会展举办者主体资格纠纷发生的原因是什么？

3．分别从会展场馆、主办者、参展商的角度，谈谈怎样预防和避免举办者主体资格纠纷。

## 任务拓展

请阅读以下案例，并分析该纠纷的原因和解决办法。

9月20～22日，前往重庆陈家坪国际技术展览中心参展的展商经历了一场噩梦。这场以“2014中国重庆国际幼教用品、玩具及孕婴童产品展览会”为名的展会，不但没有国际风范，而且连基本的展览人气都没有。不要说洽谈业务了，连来展位逛逛的都没几个。一位参展商还称，她当初联系的是展会主办方排名第二位的重庆汇博展览有限公司。然而，排在最前的一家主办单位——重庆市民办幼儿教育协会，她并未搜索到相关信息。经重庆市教委确认，并没有这样一家民办幼儿教育协会存在。在重庆市民政局官网也查不到与此同名的社会团体或机构。民政局工作人员表示，由于官网是实时更新的，这就表示该机构并不存在。对于这样一个并不存在的主办单位，作为第二主办单位的汇博展览有限公司的工作人员称，民办幼儿教育协会只是此次展览的一个支持单位、合作单位。至于对方与此次展会的更多联系，这位工作人员以自己只负责招商为由，含糊带过。另外，根据门票票面信息，8家支持单位中，除6家是位于外地的玩具行业协会、商会外，还有2家来自重庆，它们分别是重庆市教育学会幼儿教育专业委员会、重庆市教玩具商会，然而，这两个社会组织的负责人均表示，对这次展会毫不知情，也绝对没有参与。

# 项目三　会展知识产权法律法规



本项目是了解会展相关法律法规的最后一步——会展知识产权法律法规。

## 项目介绍

中国会展业是伴随中国经济的快速发展而产生的新兴行业，由于法规不健全和极少数企业急功近利的行为，难免会产生知识产权纠纷。这种现象直接后果就是扰乱了会展业的市场秩序，给各方带来损失。因此，无论是会展活动主办方，还是参展商，都要了解什么是知识产权，如何保护自己的知识产权，如何确保不侵犯他人的知识产权以及如何处理知识产权纠纷。

在本项目中，你将结合会展知识产权典型案例，了解相关法律法规对会展知识产权的规定。

本项目共分为两个任务：

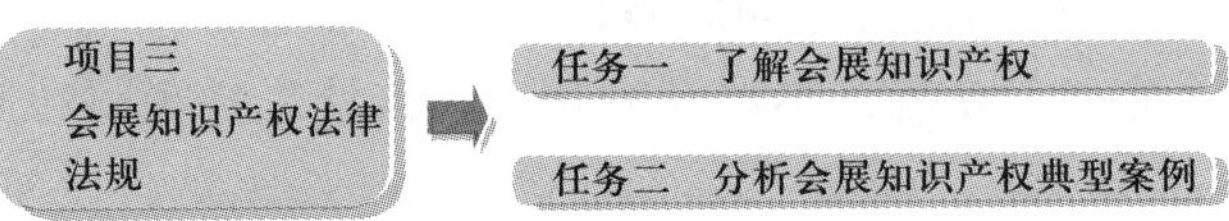

## 背景知识

### 一、会展知识产权的含义

会展知识产权实际上就是与会展有关的知识产权。严格地说，它不能成为一个独立的法律概念。之所以称之为“会展知识产权”，是因为在会议或展览的举办过程中所涉及的知识产权因所处的特殊环境和条件而具有了比一般知识产权更多的复杂性。它们既包括参会主体或参展商所拥有并带入现场的知识产权，如展品的专利权、商标权、著作权、登记权等；又包括一些会展主办方或聘用方自身拥有的知识产权，如会展的设计理念及其表现形式、展台搭建的设计方案与布置、会议或展览的标志（Logo）以及各会展单位自己的名称等。同时，在会展举办期间，对知识产权的保护方式也与一般知识产权有所不同。

我国目前对于会展知识产权的保护主要注重的是展览，已颁布的一系列规范性文件也都是“展会知识产权保护”，而非“会展知识产权保护”。

### 二、会展知识产权的特点

会展知识产权大多形成于会展举办之前，通常具有综合性、复杂性和急迫性的特点。

1．综合性

综合性是指在会展这样一个信息传递与交流的平台中，主办方、承办方、参展商或与会者所拥有的不同类型的知识产权有可能汇集在同一个场所。不同主题的会展上，权利人携带的知识产权种类与形态也各不相同。对这些智力成果的保护不仅仅是某个知识产权行政管理部门的职责，它需要各个相关知识产权管理部门共同到场、携手共管。

2．复杂性

复杂性是指在会展中，除了各种知识产权汇集一处，需要权利主体自我防范和加强保护外，知识产权的侵权行为也表现得形形色色。一些首次携智力成果参加会展的权利人还涉及不同知识产权的优先权日确定问题。而对于一些展会特有的知识产权形态，由于目前相关法律、法规的缺失，在认定与保护上还存在一定的阻碍。另外，会展知识产权的综合性也是决定其复杂性的重要因素。

3．急迫性

急迫性首先是指会展的举办期往往较短，与会者来去匆匆，一些会展期间的知识产权有可能需要在这段时期内得到有关部门的认定或临时保护。其次是指在此期间若发生知识产权纠纷，权利人都迫切希望得到及时处理和解决，而按照我国现行的法律程序，往往难以做到。

### 三、会展知识产权的形态

虽然会展知识产权的种类超越不了现有知识产权法所限定的范畴，但在表现形式上，它们还是与传统知识产权有不同之处。归纳起来，会展知识产权的形态可分为以下几种：

1．会展无形资产权

会展无形资产权主要包括各类会展的名称权、会展的特有标志和会徽的专有权、知名会展的品牌效应等。会展的会徽或特有标志（即Logo）目前能够依据《商标法》进行注册登记并获得专用权。特别是一些经过多年培育、精心打造起来且已经形成品牌效应的知名展览或会议的标志，所蕴含的无形资产价值足以给拥有者带来巨大的影响和经济利益。然而，对于会展名称，尤其是知名会展的名称，则既不能像商标一样进行注册，也不能像一般企业名称那样通过工商登记而得到法律保护。于是，一些假冒、仿冒知名会展名称进行招展、办展甚至骗展的情况时有发生。

2．会展创意成果权

会展创意主要是指对某个具体会展项目的创作思路、表现方式的构思和设计。奇思妙想的会展创意成果不仅仅只富有美感，优秀的创意被运用在具体的会议、论坛或展览中时将提升会展的品位，吸引更多的参与者，在行业竞争中为主办方带来更好的效果和更高的收益。因此，会展创意成果具有智力劳动成果的属性和经济价值的属性。它们的形式也不仅仅是简单的设计图样、文字说明或音像资料等，有时还可以通过其他物质载体加以呈现，最终表现为不同种类的知识产权。所以，创意成果带来的价值常常大于其自身的实用性价值。目前的问题是，由于会展从业人员知识产权意识薄弱和相关法律的缺位，对会展创意成果权的保护还不够明确。一些权利人的创意常常被剽窃、抄袭或无偿利用。

3．参展项目知识产权

参展项目包括展品、展板、展台、展具、产品及照片、视听资料以及其他相关宣传资料等。这些内容涉及的知识产权类型可以是专利、注册商标、版权、软件著作权或其他知识产权，它们分属于参展商、承办方和主办方，这也体现了会展知识产权的综合性和权利人的复杂性。其中最容易发生的是侵权问题。

4．会展项目构成要素的知识产权

有些会展项目的外在表现形式与一般同类项目没有太大区别，但其内部构件或组合等关键要素可能享有知识产权。如展品操作系统或控制系统的软、硬件及其组合，某些会议或论坛的声讯系统、光电设备的设计方案或软件著作权等，这些隐蔽的构成要素正成为当前会展中的新型侵权对象。

5．会展项目特别是知名会展项目的交易许可权

为加快相对落后地区会展业发展步伐，一些知名会展的名称及其项目、举办模式等便通过合作办展（办会）或许可使用该知名会展名称，或直接买断等方式成为交易对象。此类交易包含了会展项目所有者高度的知识产权内容，是会展业特有的智力成果转让形式。



## 任务一　了解会展知识产权

### 任务描述

目前，随着经济的发展以及会展业的繁荣，产生了许多相关的问题，我们不得不予以重视。知识产权纠纷是摆在我们面前最为棘手的问题之一。我们有必要对会展中涉及的这些知识产权问题进行分析。请收集会展知识产权的相关法律法规。

1．哪些法律法规涉及会展知识产权？

2．真正起作用的会展知识产权法律文件是哪部？

3．会展主办方、参展商和行业协会在维护知识产权中分别能做些什么？

## 学习目标

1．了解我国会展知识产权法律法规概况。

2．了解主办方、行业协会在展会知识产权保护中的作用。

3．了解参展企业在展会知识产权保护中的措施。

## 知识储备

在实施工作之前，你应该知道以下知识：

### 一、我国会展知识产权法律法规概况

我国已制定《中华人民共和国商标法》《中华人民共和国专利法》和《中华人民共和国著作权法》及相关的行政法规，并加入了《保护工业产权巴黎公约》等多个国际公约和条约。它们共同构成了我国知识产权的法律体系。但在法律层面上还没有专门的会展知识产权保护法，这方面的国际规约也并不多见。

在我国行政法规中，虽然有一些与展会知识产权保护有关的条例，如《特殊标志管理条例》《奥林匹克标志保护条例》《世界博览会标志保护条例》等，但其适用范围都有法定针对性，这对我国越来越多的各类商业性会议、论坛和展览会，特别是一些已经成为著名会展的名称、会徽（Logo）等特殊标志的保护都不适用。

真正对会展活动起到规范作用的法律文件是国务院有关职能部门在各自管辖范围内制定的知识产权行政规章，主要包括：①《驰名商标认定和保护规定》，国家工商行政管理总局于2003年4月发布；②《国家知识产权局展会管理办法》，国家知识产权局于2005年12月发布；③《展会知识产权保护办法》，国家商务部会同国家知识产权局、商标局和国家版权局共同制定，于2006年1月发布；④《国家工商行政管理总局驰名商标认定工作细则》，国家工商行政管理总局于2009年4月发布。

其中，与会展知识产权保护联系最密切的当属商务部等四部、局2006年联合发布的《展会知识产权保护办法》。其中明确了展会管理部门、知识产权行政执法部门、展会主办方、参展方的法律地位及法律关系；明确了知识产权投诉机构的设立和职责；规定了展会期间知识产权投诉的程序；根据专利、商标和版权保护的不同特点，规定了相应的保护措施；展会结束时，可以和相关行政执法衔接；同时严格了法律责任，增加了对侵权人的处罚和震慑。

### 二、主办方、行业协会在展会知识产权保护中的作用

较之于知识产权行政管理部门、法院，展会主办方和会展行业协会在保护展会知识产

权方面有一定的优势，这两者可以通过各种手段解决展会现场的知识产权纠纷。

1．展品知识产权备案、公示制度

展品知识产权备案、公示制度是指参展方作为知识产权权利人或者利害关系人，应于正式展览之前将展品的知识产权信息向展会主办方进行备案，并由展会主办方向全社会公示的制度。其主要作用在于提前暴露知识产权纠纷，防患于未然。展品知识产权信息的备案、公示制度应该通过地方性法规进行规定。据此，展品知识产权信息的备案、公示制度应属参展方的义务。参展方提交的信息与实际情况不符的，展会主办方有权要求其撤展。

2．展会知识产权投诉机构

展会知识产权投诉机构应依法调解知识产权权利人和参展方之间的知识产权纠纷，但不享有行政处罚权。展会知识产权投诉机构认定参展方涉嫌侵权的，即可以要求参展方暂停展品展出。如果参展方拒不执行，展会知识产权投诉机构可以依法强制其暂停展出，具体可以通过遮盖展品、断水断电、禁止参展方人员入场等措施达到暂停展品展出的目的。

3．投诉人担保金制度

知识产权权利人有权向展会知识产权投诉机构投诉参展方的侵权行为。展会知识产权投诉机构如认为参展方侵权可能性比较大的，可以要求参展方撤展。但展会知识产权投诉机构对于侵权行为的认定毕竟不能等同于法院和其他权威部门的裁决或者决定。为防止投诉人恶意投诉，投诉人应当向展会行业协会缴纳足额的担保金，并要求投诉人在展会结束后的一定期限内向法院起诉被投诉人的侵权行为，否则保证金应归被投诉人所有。

4．“恶意参展方黑名单”制度

“恶意参展方黑名单”制度主要针对的是不服从展会主办方管理的、多次侵犯知识产权的参展方。参展方有上述情形的，展会主办方可以拒绝其参加同一展会。

5．“恶意投诉人黑名单”制度

投诉人向展会知识产权投诉机构投诉时，应准备相应的证据材料。如果投诉人在未准备证据材料的情况下，在同一展会投诉多个参展方侵犯其知识产权，或者在多次展会上投诉同一参展方侵犯其知识产权，应该被认定为恶意投诉，可以列入“恶意投诉人黑名单”。“恶意投诉人黑名单”可以让展会主办方及早应对恶意投诉，提高知识产权纠纷的处理速度，更好地维护知识产权权利人的利益。

## 三、参展企业在展会知识产权保护中的措施

参展企业要增强知识产权的自我保护意识，自觉遵守会展知识产权保护管理规定，展出涉及知识产权的展品，必须携带相关证书及有关证明材料。

（1）对展会上要展出的“新产品”要进行专利检索。如果在专利文献中检索到拟展出的新产品已经由他人申请并授予了专利权，应及时做调整，避免在会展中被投诉而陷入被动境地。另外，企业应对自己的展品做好历史记录，这些记录可以成为拥有“先用权”的有利证据。

（2）在展会上要避免冲突，发现侵权行为时，可以向会展知识产权投诉机构投诉，准备好各种资料，如专利证书、专利公告文本、商标注册证书、授权委托书等。

## 任务实施

了解会展知识产权法律法规 ⇨ 模拟进行会展知识产权维护

### 步骤一：了解会展知识产权法律法规

1．上网搜索《展会知识产权保护办法》，整理其重点内容。

2．上网搜索北京市人民政府2007年11月颁布的《北京市展会知识产权保护办法》，与国家四部、局2006年发布的《展会知识产权保护办法》进行比较，看看两者在哪些地方有所不同。

可以采用小组讨论、制作PPT的形式，以小组为单位来展示学习成果。

### 步骤二：模拟进行会展知识产权维护

请从会展主办方、参展商、会展协会的不同角度，模拟进行会展知识产权维护，从而更深刻地认识会展知识产权法律法规。

可以采用小组表演的形式来展示学习成果。

## 学习评价

- 能够准确说明我国会展知识产权法律法规概况。
- 能够准确说明主办方、行业协会在展会知识产权保护中的作用。
- 能够准确说明参展企业在展会知识产权保护中的措施。
- 能较流畅地模拟进行会展知识产权维护。

## 任务小结

在本任务中，我们学习了以下内容：

1．我国会展知识产权法律法规概况。

2．主办方、行业协会在展会知识产权保护中的作用。

3．参展企业在展会知识产权保护中的措施。

## 检测与练习

一、填空

1．会展知识产权的特点是__________、__________和__________。

2．会展知识产权的形态包括__________、__________、__________、__________和__________。

3．__________和__________共同构成了我国知识产权的法律体系。

4．与会展知识产权保护联系最密切的法律法规是商务部等四部、局2006年联合发布的__________。

5．在展会知识产权保护中，主办方、行业协会可以建立__________、__________、__________、__________和__________制度。

二、判断

1．参展项目知识产权分属于参展商、承办方和主办方。（  ）

2．会展创意成果权正成为当前会展中的新型侵权对象。（  ）

3．《国家知识产权局展会管理办法》明确了展会管理部门、知识产权行政执法部门、展会主办方、参展方的法律地位及法律关系。（  ）

4．展品知识产权备案、公示制度主要作用在于提前暴露知识产权纠纷，防患于未然。（  ）

5．“恶意投诉人黑名单”制度主要针对的是不服从展会主办方管理的、多次侵犯知识产权的参展方。（  ）

## 任务拓展

### 一、会展涉及的九大知识产权问题

1．国内展会组展商、展会项目被仿冒怎么办?

作为一些展览会项目，特别是一些品牌会展项目的所有者，国内展会组展商最关心的是展会项目如何不被仿冒和克隆，也就是关于展会的题目和内容经常发生重复、雷同的问题。在他们看来，形成品牌的展会和已经成型的展会都应当算作拥有“展会创意”的“知识产权”而受到保护，光有对展会会标进行注册是不够的，还应对展会的名称进行保护。

2．外国展会组织者：品牌移植中国怎么办?

国外一些名牌展会向中国国内进行移植的时候，往往需要寻找国内的合作伙伴。这样在继续使用原品牌展览会名称、标记的过程中，就有对原展会品牌无形资产（知识产权）给予认定的问题。一旦合作破裂，就有可能产生知识产权的纠纷。实践表明，这个问题正是双方在合作时应当给予明确规定的重要的、关键的法律内容。

3．会展项目交易者：品牌交易缺乏标准怎么办?

随着会展经济的不断发展，会展行业资本运作频繁产生，展会项目的买卖交易必将逐渐增多。对于这种会展项目所有权的转移和交易，必然要涉及会展项目的品牌无形资产（知识产权）的转移和交易。在我国，尽管已经出现了这样一些交易行为和具体案例，但由于操作的程序与规范还没有及时出台，特别是市场交易价值的标准制定的参考依据不足，市场显得比较混乱。

4．出国展览组展商：企业被投诉怎么办？

出国展览组展商比较注重的是在国外参加展览会时，如何处理中国参展商被外商投诉展品侵权或软件及著作权侵权而引发的知识产权纠纷（国内办展也经常出现此类问题）。这样的事件已有明显上升的趋势。对此，他们普遍认为，对参展企业提出一般性的关于遵守知识产权的要求并不难，真正的难点在于很难保证和控制所有展品都不出问题。所以，他们希望划定责任界限，一旦出现这方面的纠纷，要由有关参展商承担责任，而不要追溯到组展商。

5．国内展会参展商：被组展商欺骗怎么办？

国内展会参展商最为害怕的是被组展商欺骗性的宣传所误导，从而参加了一些名不副实的冒牌展览会，甚至被骗展，结果是白花钱、没效果。不过，值得研究的是，这种展会的假冒宣传问题是否真正属于知识产权保护的范畴，骗展是否侵犯了知识产权。

6．展台设计搭建商：抄袭设计方案怎么办？

展台设计搭建商在展台设计投标时最担心的是，参展商以种种借口不让他们的方案中标，然后又转手将扣留下来的设计图样或方案提交给第三方抄袭使用或略有改动使用，其目的全在于省钱。其实，这样确实涉及一些知识产权方面的问题。

7．展具专利持有者：新型展具被仿制怎么办？

一些已经广泛使用的标准展具和一些近期开发出来的新型展具确实是进行过专利注册登记的。因此，仿制这些展具会涉及侵权问题。但从本质来看，这种侵权只是一种与会展业有间接关系的制造业方面的知识产权问题。

8．国家主管部门：被外商投诉怎么办？

国家有关知识产权的主管部门除了负责总体上的宣传、教育和管理工作，似乎更关注如何减少外商的指责和投诉。因此，当展会成为发生投诉事件较多的一种场合时，他们就会对展会主办者提出要求，必须千方百计地采取措施，防止发生类似事件。至于有关会展业的知识产权保护问题，由于许多工作还有待深入地调查和研究，所以主管部门尚需要时间提出全面和具体的管理办法。

9．会展行业协会：管理依据不清楚怎么办？

目前的实际情况是，全国未成立统一的会展业协会组织。但是，一些地方性的会展业行业协会组织已经陆续建立起来，并且有的协会已经开始重视会展业知识产权保护的相关问题。

### 二、上网收集至少三个不同类型的展会知识产权纠纷案例

## 任务二　分析会展知识产权典型案例

### 任务描述

现在的企业越来越倾向于通过参加展会来发布自己的产品，提高知名度，争取

客户和订单。然而，当这么多企业在展览主办方的安排下走上同一个舞台同场竞技时，会展中的知识产权纠纷对于参展企业和会展主办方都是严峻的挑战。那么，怎样去分析和处理会展知识产权问题呢？请结合法律法规，对会展知识产权的法律案例进行分析。

1．在阅读案例时，应注意哪些问题？
2．如何才能抓住争议的核心问题？
3．如果你遇到这样的问题，应该如何处理？

## 学习目标

1．能根据会展知识产权的典型案例，说明案例中体现的核心问题。
2．能结合会展知识产权法律法规，分析问题的原因和解决办法。

## 任务实施

阅读会展知识产权典型案例 ⇨ 分析会展知识产权典型案例

### 步骤一：阅读会展知识产权典型案例

请阅读以下案例，并准备回答问题。

在某次家纺展期间，广州某知名家用纺织品生产企业向知识产权办公室投诉另一家家用纺织品生产企业侵犯了其产品的版权。投诉方向知识产权办公室出示了能够证明自己拥有版权的版权登记证明及其他相关的法律文件，知识产权办公室对涉及投诉的产品也进行了对比，确认了投诉方和被投诉方的产品在设计上是完全一样的。因此，知识产权办公室认定被投诉方的侵权行为成立。

正当知识产权办公室根据相关的法律法规要求被投诉方从展位上撤下侵权产品时，被投诉方却辩称其产品没有侵权，并声称该产品的设计图案是从一家法国设计师那里购买的，而且向知识产权办公室出示了购买该设计图案的合同。知识产权办公室随即对该合同进行了审查。结果发现，该合同只是一宗关于买卖设计图样的合同，合同从头到尾都没有涉及版权的转让。因此，尽管被投诉方花钱购买了设计图样，可他并没有合法地获得相关设计的版权，最后还是被认定为侵权。

### 步骤二：分析会展知识产权典型案例

请结合以上案例及所学知识，回答下列问题：

1．被投诉方购买了带有设计图案的图样，为什么还是构成侵权？
2．被投诉方侵犯了某知名家用纺织品生产企业的什么知识产权？

3．该家纺展的知识产权办公室应该对被投诉方做何处理？

4．为什么会出现这种纠纷？应该如何避免？

可以采用小组讨论的形式，以小组为单位来展示学习成果。

## 学习评价

- 能够准确说明会展知识产权法律法规的基本内容。
- 能够准确把握会展知识产权案例中的核心问题。
- 能够准确说明会展知识产权纠纷发生的原因。
- 能够对会展知识产权纠纷提出可行的建设性意见。

## 任务小结

在本任务中，我们学习了以下内容：

1．会展知识产权的典型案例。

2．会展知识产权纠纷的核心问题。

3．会展知识产权纠纷的解决办法。

## 检测与练习

1．会展知识产权案例中的核心问题是什么？

2．会展知识产权纠纷发生的原因是什么？

3．分别从会展场馆、主办者、参展商、主管部门、行业协会的角度，谈谈怎样预防和避免知识产权纠纷。

## 任务拓展

### 一、北京知识产权保护协会

北京知识产权保护协会（英文名称是Beijing Intellectual Property Protection Association，缩写BIPPA），由致力于知识产权建设的企业、高校、科研院所、行业组织自愿联合发起成立，是经北京市社会团体登记管理机关核准登记的非营利性社会团体。其宗旨是：遵守国家宪法，贯彻执行国家有关知识产权法律法规和政策，发挥协会在知识产权创造、保护、管理和运用方面的集体运作功能，形成应对涉外知识产权争议的合力和协调机制。建立自我教育、自我保护、自我约束、自我发展的机制，引导、协助行业组织开展知识产权的宣传、培训、对外交流、交易、调解企业间知识产权纠纷、法律咨询和法律救助活动，提高行业组织及企业知识产权创造、保护、管理和运用水平。

## 二、请阅读以下案例，并回答问题。

西班牙INDAL公司是一家主要从事各类灯具设计、制造、销售的企业，在欧洲颇有知名度，产品在欧洲设计，然后委托中国公司生产，但其产品在中国并无销售。INDAL公司在中国知识产权局对其灯具都申请了外观设计专利。2010年，INDAL公司在参观中国进出口商品交易会（简称广交会）时发现一家来自宁波余姚的公司抄袭、仿制了INDAL公司的灯具，正在广交会上进行展示、销售。试问，INDAL该如何维护自己的知识产权并制止侵权行为？

# 参考文献


[1] 苏悦．会展基础[M]．北京：对外经济贸易大学出版社，2011．

[2] 龚维刚．会展实务[M]．上海：华东师范大学出版社，2006．

[3] 王玉松．会展业的法律规制[M]．上海：上海人民出版社，2005．

[4] 赵春霞．会展概论[M]．北京：对外经济贸易大学出版社，2007．

[5] 王云玺．会展管理[M]．上海：上海交通大学出版社，2004．

[6] 苏文才．会展概论[M]．北京：高等教育出版社，2004．

[7] 马勇．会展概论[M]．北京：中国商务出版社，2004．

[8] 国际商务会展员专业培训考试中心．国际商务会展基础知识[M]．北京：中国商务出版社，2008．